PETITE GRAMMAIRE

DES

GRAMMAIRES,

OU

SYSTÈME SYNOPTIQUE DE GRAMMAIRE FRANÇAISE,

Par M. C. A., CHEF D'INSTITUTION.

PARIS,

A LA LIBRAIRIE CLASSIQUE DE MAIRE-NYON, QUAI CONTI, N°. 13.

1825.

PETITE GRAMMAIRE

DES

GRAMMAIRES,

OU

SYSTÈME SYNOPTIQUE DE GRAMMAIRE FRANÇAISE,

Par M. C. A., CHEF D'INSTITUTION.

PARIS,

A LA LIBRAIRIE CLASSIQUE DE MAIRE-NYON, QUAI CONTI, N. 13.

1825.

Imprimerie de A. Coniam,
Rue du Faubourg Montmartre, N°. 4.

AVERTISSEMENT.

J'ai considéré qu'on procèderait plus méthodiquement avec les enfants si, dans leurs différentes études, on leur faisait *raisonner* la partie des développements, et *apprendre* celle des faits, au lieu de confondre les uns et les autres dans des leçons qui surchargent la mémoire. Ainsi pensaient Messieurs de Port-Royal, lorsque, dans leurs Grammaires, ils exprimaient en italique ce qui devait être su littéralement, et en caractères ordinaires l'explication des préceptes.

J'ai donc recueilli par articles, et sous des numéros d'ordre faciles à rappeler dans l'application, les faits et les préceptes grammaticaux *à apprendre ;* je les ai donnés bien plus complets qu'on n'est dans l'usage de les présenter d'ordinaire aux enfants.

La partie des exemples suivra celle des préceptes, et si mon zèle ne me fait pas trop présumer, elle paraîtra neuve et intéressante.

Du reste, j'ai analysé ce que je connaissais de meilleur entre nos ouvrages sur la grammaire française. MM. de Wailly, Giraud Duvivier, Boniface, Chapsal et un grand nombre d'autres ont été compulsés ; et comme je me suis servi en général de la *Grammaire des grammaires* comme texte, j'ai pris la liberté de l'indiquer par mon titre. Je ne m'en excuse point, quoique l'ouvrage puisse être peu digne de sa source. Tous les jours on copie sans prétendre pour cela se placer auprès de son modèle.

Si mon livre est défectueux dans l'exécution, j'ai l'espoir que l'idée n'en sera point perdue, et qu'un plus habile, en s'en emparant, saura la rendre profitable.

PETITE GRAMMAIRE

DES

GRAMMAIRES.

DES LETTRES.

I. *Classification des lettres.*

1. Les lettres se subdivisent en voyelles et en consonnes.
2. Les lettres voyelles sont, *a*, *e*, *i*, *o*, *u*, *y*.
3. Il y a en outre des voyelles ou sons simples qui s'écrivent avec plusieurs lettres.
4. Les voyelles en général sont :

A, à, il *a*, tu *as*, *plat*, il *songea*, qu'il *changeât*, *femme*, *hennir*, *solennel*, *pâtre*, *hélas*, *ah! ha!* *douairière*, *paon*, *drap*;

E, tu *regardes*, ils *parlent*, *faisant*, *bienfaisance*.

É, *pré*, *nez*, *pied*, *et*, *j'ai*, *eh*, *hé*, *clef*, *dey*;

È, ê, *trève*, *rêve*, *les*, *replet*, *accès*, *lez*, *laid*, *ais*, *lait*, je *priais*, il *priait*, ils *priaient*, *seigneur*, *cep*, *respects*, *harnois*;

I, y, *finis*, *lis*, ci *gît*, *île*, *lyre*, *pays*;

O, *homme*, *Rome*, *fantôme*, *numéro*, *héros*, *flot*, *étau*, *chevaux*, *bateau*, *eaux*, *Saône*, *aoriste*, *au—tomne*, *toast*;

U, *lu*, *but*, *flûte*, *rue*, *flux*, *j'eus*.

EU, *jeune*, *jeûne*, *œuf*, *œufs*, *eux*, *peut*.

OU, *ou*, *où*, tu *couds*, il *coud*, il *resout*, *loup*, *pouls*, *août*, *houx*, *roux*;

AN, *an*, *rang*, *gant*, *Gand*, *banc*, *temps*, *en*, *Ham*, *paon*, *Caen*, *vent*, *champ*, *mangeant*, *emplir*, *exempt*, *quidam*, *rend*;

IN, *étain*, *fin*, *hem*, *impur*, *saint*, *sein*, *seing*, *ceint*, *examen*;

UN, *un*, à *jeun*;

ON, *on*, *bombe*, *fond*, *fonds*, *font*, *jonc*, *prompt*, *comte*, *vengeons*.

5. Les diphtongues sont :

ai,	aïh, mail.	*eois*,	bourgeois.	*ian*,	viande.	*oué*,	ouest.
ia,	liard.	*ouai*,	ouais.	*ieu*,	lieu.	*oui*,	oui.
ié,	il sied.	*oin*,	foin.	*ion*,	pion.	*uè*,	écuelle.
iè,	pierre.	*ouin*,	baragouin.	*iou*,	chiourme.	*ui*,	étui.
iai	biais.	*io*,	pioche.	*oë*,	moëlle.	*uin*,	quinquennal.
oi,	bois.	*ien*,	bien.	*ua*,	équateur.	*œui*,	orgueil, enorgueillir.

6. Les consonnes sont b, c, d, f, g, h, j, k, l, m, n, p, q, r, s, t, v, w, x, z,

Que l'on appelle aujourd'hui be, ce, de, fe, ge, he, etc, et qui, appelées ainsi, sont toutes du genre masculin ; autrefois f, h, l, m, n, r, s, étaient du féminin et les autres du masculin.

II. *Détails sur les voyelles.*

1. *E* est de trois sortes en françois : e muet, e fermé, e ouvert.

2. *E* muet est plus ou moins muet, c'est-à-dire qu'il est senti ou perdu dans la prononciation.

3. *E* muet formant syllabe par lui-même, sans le secours d'autres voyelles, soit au milieu, soit à la fin des mots, est senti dans le discours soutenu, se perd dans le discours familier.

4. *E* muet final est senti dans les monosyllabes *je*, *me*, etc., sans en excepter *le* relatif, employé en régime direct après un impératif.

5. Dans ce cas, il est mal de le placer en vers devant une voyelle de manière à l'élider.

6. *E* final ne se remplace par une apostrophe devant une voyelle, que dans *je*, *me*, *te*, *se*, *le*, *ce*, *que*, *de*, *ne*, et dans *quoique*, *jusque*.

7. *E* muet qui précède *l*, *t*, *v*, , *c*, *n*, dans les verbes en *eler*, *eter*, *ever*, *ecer*, *ener*, se change en e ouvert dans les temps où *l*, *t*, *v*, *c*, *n*, sont suivis d'une syllabe muette, à savoir : dans les verbes en *eler*, *eter*, en redoublant *l* et *t*; dans ceux en *ever*, *ecer*, *ener*, en le marquant d'un accent grave.

8. *E* est muet dans *degré*, *denier*, *dangereux*, *dangereusement*, *secrétaire*, *petiller* et ses analogues, comme *petard*, *petaudière*, etc.

9. *E* muet se perd dans *aboiement*, *paiement*, *tutoiement*, *reniement*; dans *je prierai*, et autres futurs et conditionnels de verbes en *ier*, *ayer*, *oyer*, dans *que je croie*, *que tu croies*, *qu'ils croient*, et autres verbes dont la pénultième syllabe est en *oi*, *boire*, *octroyer*, etc.

10. *E* ouvert se divise en e ouvert commun ou aigu, e plus ouvert, ou grave, e très-ouvert, sans que l'accent puisse indiquer cette nuance avec précision.

11. *E* fermé ne paraît pas avoir de nuances appréciables.

12. *I* ne se prononce pas dans *moignon*, *Montaigne*, *oignon*, *poignée*, *poignard*, *poignant*, *poignet*.

13. *U* ne se prononce pas comme *eu* dans *une*.

14. *Ou* se change en *ol* pour l'orthographe comme pour la prononciation dans *col de montagne*, dans *fol* et *mol* par inversion devant leur substantif commençant par une voyelle.

15. *En*, *em* final des mots empruntés des langues étrangères n'ont point le son nasal.

16. *Hymen* perd le son nasal devant une voyelle, *examen* jamais.

17. Les finales nasales doivent sonner sur les voyelles initiales suivantes, savoir : 1° quand le mot qu'elles terminent et le mot suivant sont étroitement unis par le sens : *ancien ami*, *bon homme*, *plein air*, *sain et sauf*, et non dans *suin et bien portant*, *chacun alors*, *quelqu'un ira*, *en père et non en ennemi*; 2° dans *mon*, *ton*, *son*, et dans *un* attendant un substantif qui le suit; 3° dans *on* des phrases positives, mais non dans *on* inversif par interrogation ou par parenthèse; 4° dans *en* préposition ou pronom agissant directement sur le mot qui suit; 5° dans *bien* et *rien* s'ils modifient le mot suivant.

III. *Détails sur les Diphtongues.*

Ne sont pas toujours diphtongues

ai dans mais	*oi* dans j'aimois	*ieu* dans pieux	*ouè* dans brouet
iu dans plia	*eois* dans je songeois	*ion* dans action	*oui* dans Louis
ié dans plié	*io* dans brioche	*iou* dans Brioude	*uè* dans ruelle
iè dans prière	*ien* dans lien	*oë* dans poële	*ui* dans ruine
iais dans liaison	*ian* dans friand	*ua* dans équarir	*uin* dans quinconce

IV. *Détails sur les consonnes.*

1. *B* final ne se prononce que dans les noms propres et dans *radoub* et *rumb* des vents.

2. *B* redoublé se prononce comme s'il était simple.

3. *C* se prononce comme *g* dans *second* et ses dérivés, et dans prune de *reine Claude*, mais non dans *canif*, *secret*, *secrétaire*.

4. *Cigogne*, qui s'écrit aujourd'hui comme il se prononce, s'est écrit long-temps *cicogne*.

5. *C* est dur devant *a*, *o*, *u*; il est doux devant *e*, *i*, et souscrit d'une cédille dans *ça*, *ço*, *çu*, doux.

6. *C* prend le son *ch* dans *vermicelle*, *violoncelle*

7. *C*, au milieu des mots, suivide *q*, *cr*, *cl*, *ca*, *co*, *cu*, se perd.

8. *C* final ne se prononce point dans *estomac*, *broc*, *croc*, *accroc*, *marc*, *echecs* (jeu), *tabac*, *jonc*, *lacs* (filets), *arsenic*, *escroc*, *tronc*, *clerc*, *cric*; *porc*, etc.

9. Il se prononce dans *troc, froc, bec, échec* (revers), *estoc, aqueduc, agaric, trafic, aspic, syndic, tric-trac, avec, sac, bac, lac, tic-tac, micmac,* etc.

10. C final de *franc,* adj., sonne sur une voyelle initiale suivante, — de *blanc,* dans *du blanc au noir,* — de *porc,* dans *porc-épics.*

11. C final de *donc* se prononce quand *donc* est en forme de conséquence ou d'affirmation au commencement d'un membre de phrase.

12. D devant *v* n'est senti que dans *adverbe, adverse* et leurs analogues.

13. D final sonne dans les noms propres.

14. D final des autres mots, quand il sonne sur une voyelle suivante, fait entendre le son du *t.*

15. D redoublé ne se prononce que dans *addition* et ses analogues, *reddition, adducteur.*

16. F final ne se prononce point dans *clef, œuf frais, œuf dur, nerf de bœuf, cerf-volant, nerfs, chef-d'œuvre, bœuf gras* (du carnaval), *cerf* dans le discours soutenu ; dans *œufs, bœufs,* le son *œu* s'allonge.

17. *Neuf,* nom de nombre cardinal, ne fait point sentir *f* devant une consonne.

    Id. fait sentir *f* comme un *v* devant un substantif commençant par une voyelle ou une *h* muette.

    Id. employé d'une manière absolue, se prononce dans sa valeur naturelle.

18. F redoublé se prononce comme *f* simple.

19. G se prononce dur devant *a, o, u,* et doux devant *e, i;* il est dur dans *Gessner.*

20. U après *g* se fait entendre devant *i* dans *aiguille, aiguillon, aiguiser,* et dans les noms propres, tels que *Guise, d'Aiguillon,* etc.

21. G initial de *gangrène* a le son *k.*

22. G final sonne doux sur les voyelles initiales suivantes.

23. G final se perd dans *faubourg, legs, doigt, vingt, étang, poing, coing, hareng, seing.*

24. G redoublé se prononce comme s'il était simple, excepté dans *ggé,* où le premier sonne dur.

25. *Gn* du milieu des mots est mouillé, même dans les mots étrangers *incognito* et *agnus.*

26. Il ne l'est pas dans *diagnostic, stagnation, regnicole, inexpugnable, igné, Progné.*

27. *Gn,* mouillé dans *imprégner,* ne l'est pas dans *imprégnation.*

28. *Clugny, Regnaut, Regnard, signet,* ne prononcent que le son *n.*

29. Parmi les mots où *h* est aspiré, nous signalons particulièrement *hache* et ses comp., *hachis, hachoire,* etc., *haleter, haletant, halloge, halle, hallebarde, halte, hanséatique* (moins commode qu'*anséatique*), *harangue, hardes, hareng, haricot, harnois, hasard, Henri* (dans le discours soutenu), *héros, homard, houblon, hongre, horde, hottentot, hanche, hachures, hangar; hésiter* n'est plus aspiré, *huit* et ses composés le sont encore.

30. H aspiré dans un mot conserve son aspiration dans les composés de ce mot, exc. *exhausser, exhaussement.* -

31. H aspiré dans Hollande, ne l'est pas dans *fromage d'Hollande. Toile d'Hollande* devient douteux.

32. *Onze, oui,* sont aspirés, quoiqu'ils n'aient pas le signe d'aspiration.

33. *Ch* a le son de *k* dans *Achéloüs, Achmet, archétype, archonte, archange, Chalcédoine, chaos, catécumène, Chéronée, Chersonèse, chœur, choriste, chorus, chorégraphie, chorographie, Melchisédec, Bacchus, Melchior, les Ménechmes, archiépiscopal, patriarchal, Michel-Ange.*

34. *Ch* n'est point senti dans *almanach.*

35. L final ne sonne point dans *nombril, buril, chenil, coutil, fournil, fusil, gril, outil, persil, soul, sourcil.*

36. *Il* final est mouillé, exc. dans les mots précédens où il se trouve, et dans *il, fil, Nil, mil.*

37. *Ill* initial des mots n'est pas mouillé, non plus que dans *ville, mille.*

38. *Ll* redoublé, qui se prononce simple dans *collége, collation* (repas), *collationner* (faire collation), se prononce double dans *collégial, collation* (vérification), *collationner* (vérifier).

39. *Emn* se prononce *amn* dans *indemniser, indemnité.*

40. M final se prononce du son qui lui est propre, dans *Sem, Cham, Priam, Stockolm, Postdam, Bornholm, Amsterdam, Roterdam, Wurtemberg,* et nasal dans *Adam.*

41. M redoublé se prononce comme *m* simple dans *grammaire, grammairien,* et double dans *grammatical, grammatiste.*

42. *En* se prononce *ann* dans *enivrer, enorgueillir, hennir, hennissement, solennel, solennité.*

43. N final sonne dans *amen, abdomen, Eden, hymen.*

44. *Béarn* se prononce *Béar.*

45. *En* est nasal dans *ennoblir, ennui* et leurs dérivés.

46. Deux *n* ne servent qu'à rendre sonore la voyelle qui précède, et se prononcent comme *n* simple.

47. *P* final est perdu dans *camp, champ, drap, sirop, cep, loup.*

48. *P* se prononce dans *baptismal, septennaire.*

49. *Qua* se prononce *coua* dans *aquatique, équateur, équation, quadragésime, quadragénaire, quadrupède, quaker, quadrature, quadrige, quaterne, quadruple, in-quarto.*

5o. *Qu* se prononce *cu* dans *équestre, équilatéral, quintuple, quinquennal, questure, ubiquiste, équitation, à quia, Quinte-Curce, Quintilien, quinquagésime.*

51. *Qu* ne forme qu'une consonne adoucie dans *qualité, qualification, quiétisme, quolibet, quiproquo, quidam, quinconce, quasimodo, liquéfier, quadrature* (d'horlogerie), *quadrille, quatrain, quart, quartaut, quartier.*

52. *R* final ne se prononce pas : 1° dans *monsieur,* 2° dans les monosyllabes en *ier,* 3° dans les noms polysyllabes en er non précédé de f ou v, excepté *magister, cancer, cuiller, belœder, frater, éther,* et les noms propres ; 4° dans les infinitifs en *er* devant une consonne, dans le discours élevé, et dans la conversation toujours.

53. *R* redoublé se prononce 1° dans *aberration, erreur, errer, erroné, abhorré;* 2° dans la plupart des mots qui commencent par *irr;* 3° au futur et au conditionnel de *mourir, courir, acquérir; pouvoir* ne prononce qu'avec un *r je pourrai, je pourrais.*

54. *S* ne se prononce point dans les mots en *sch, schall, schisme, scheling,* ni dans *Duguesclin.*

55. *S* dans le corps du mot, seul entre deux voyelles, a le son *z,* excepté dans *désuétude;* les composés de *syllabe; préséance, présupposer, vraisemblable* et analogues; *parasol,* et les temps du verbe *gésir, nous gisons, ils gisent, gisant, il gisait.*

56. *S* final se fait entendre dans *anus, aloès, as, atlas, calus, iris, mœurs, lapis,* et les mots étrangers, excepté *Mathias, Thomas, Judas,* il est muet dans *lis* de *fleur de lis,* et dans *tous,* adj. pronominal.

57. *Ti* devant une voyelle se prononce *ti,* 1° quand il est précédé de *s* ou de *x;* 2° dans les noms en *tié* ou en *tier;* 3° dans ceux en *tie* (excepté *ineptie, inertie, minutie, prophétie,* et ceux en *atie,* comme *suprématie, démocratie*); 4° dans ceux en *tien, tienne,* excepté les noms propres et les adjectifs de pays; 5° dans *châtier,* dans toute sa conjugaison.

58. *T* final se prononce dans *abject, accessit, brut, chut, contact, correct, dot, direct, déficit, fat, granit, exact, échec et mat, incorrect, indirect, infect, indult, lest, luth, net, prétérit, rapt, rythme, suspect, strict, tact, toast, transit, exeat, est, ouest, vivat, zénith, zist, zest; respect, aspect, circonspect,* ne font entendre que le *c.*

59. *T* de *vingt* se prononce dans les noms de nombre depuis vingt jusqu'à trente, et devant une voyelle.

6o. *T* de *sept* se prononce devant une voyelle, et dans *sept* employé d'une manière absolue.

61. *Huit* suit la même règle.

62. *T* redoublé se prononce double dans *atticisme, attique, battologie, guttural, pittoresque.*

63. *W* se prononce *ou* dans Wigh, Whist, Wiski.

64. Les mots   Newton, Warwik, Washington, Law, Westphalie, Walbon, Wirtemberg.
Se prononcent Neuton, Varvik, Vazington, Lass, Vestphalie, Valbon, Virtemberg.

65. *X* se prononce *s* dans *soixante* et ses composés, Bruxelles, Auxonne, Auxerre, Auxerrois.

66. *X* se prononce *z* dans *sixain, sixième, dixième, deuxième.*

67. *Z* a le son de *s* dans *Metz, Rodez, Suez, Alvarez, Cortez* et autres noms étrangers.

DES MOTS.

Il y a trois opérations de l'esprit, savoir :

1° *Concevoir,* perception passive des objets matériels ou intellectuels.

2° *Juger,* prononcer sur la convenance de tel être avec telle modification.

3° *Raisonner,* déduire de deux jugemens un troisième jugement.

Ces trois opérations produisent

La première, le nom, le pronom ;

La deuxième, l'article, l'adjectif, le verbe, le participe, l'adverbe, la préposition, la conjonction, l'interjection.

La troisième, une suite de propositions qui engendrent le discours.

DU NOM.

Définition : *Mot qui désigne un individu, personne ou chose, un être matériel ou intellectuel.*

Se divise en *nom propre*, nom particulier, qui distingue un individu, homme, ville, pays, etc., etc., de ceux de son espèce; *nom commun*, appellation commune à tous les individus formant un genre, une classe, une espèce; *nom collectif général*, expression d'une collection totale (précédé de le, la, les, ce, cette); *nom collectif partitif*, expression d'une collection partielle.

V. *Détails sur le genre des noms.*

Le *genre* dans les noms est la classification des noms en deux ordres, l'un dit *masculin*, l'autre dit *féminin*, d'après un caractère de sexe dans l'individu, ou une simple analogie de l'objet avec l'un des deux sexes, ou de la forme du mot qui exprime cet objet avec les formes habituelles à ceux de ce sexe.

1. Le masculin appartient aux individus mâles ou d'analogie masculine.
2. Le féminin appartient aux individus femelles ou d'analogie féminine.
3. Parmi les animaux. Chez les uns le mâle et la femelle ont des noms différents : l'*homme*, la *femme*; le *bélier*, la *brebis*; le *sanglier*, la *laie*; le *cerf*, la *biche*, etc. Chez d'autres la terminaison change selon le sexe : l'*ours*, l'*ourse*; le *tigre*, la *tigresse*; le *lion*, la *lionne*; le *loup*, la *louve*; le *paon*, la *paone*. D'autres expriment les deux genres sans changer de forme ni de genre : le *corbeau*, la *perdrix*, le *renne*, la *crabe*, la *grenouille*, le *surigue*, le *crapaud*.
4. Quelques substantifs ont changé de genre. *Affaire, insulte, rencontre,* autrefois masculins, sont aujourd'hui féminins. *Art, évéché, navire, poison,* autrefois féminins, sont aujourd'hui masculins. *Date,* autrefois masculin et féminin, est aujourd'hui féminin. *Comté,* autrefois féminin puis masculin, est aujourd'hui masculin.
5. Quelques substantifs ont deux genres sous des significations peu différentes.

Aigle, m. au sens propre; le f. est oratoire et poétique; f. dans les armoiries.

Amour, m. au sens propre; le f. est oratoire ou poétique, et semble convenir mieux au pluriel qu'au singulier.

Automne prenait le féminin après son adjectif. Aujourd'hui il est toujours masculin.

Couple, m. pour deux individus qui s'appartiennent par un lien physique ou moral; f. pour ceux qui sont étrangers l'un à l'autre.

Délice, m. au singulier, f. au plur.

Exemple, f. pour un modèle d'écriture, m. partout ailleurs.

Gens, m. pour l'adj. qui le suit, f. pour l'adj. qui le précède.

Foudre, f. au propre, m. dans le sens mythologique ou figuré.

Orgue, m. au sing., f. au plur.
6. Quelques substantifs ont deux genres et deux sens tout-à-fait différents.

Aide, m., celui qui aide; —de camp, —de cuisine, — de cérémonies. F. assistance, appui.

Ange, m., être spirituel. F. poisson, insecte.

Aune, m., arbre, f., mesure.

Barde, m. poète chez les Celtes, f., — de lard.

Cartouche, m., en peinture, sculpture; f. d'arme à feu.

Coche, m., voiture, f. entaille, truie.

Cornette, m., porte-étendard, f., coiffure.

Crêpe, m., étoffe, f., pâte.

Echo, m., son répercuté, f., nymphe.

Enseigne, m., porte-drapeau, f., drapeau, marque, tableau de boutique.

Espace, m., étendue, f., terme d'imprimerie.

Forêt, m., outil, f., pays boisé.

Fourbe, m., trompeur, f., tromperie.

Garde, m., celui qui garde, f., action de garder, force militaire, celle qui garde.

Givre, m., frimat, f. terme d'armoiries.

Greffe, m., dépôt de registres, f., t. de jardinage.

Guide, m., celui qui guide, f., harnois.

Héliotrope, m., plante, f., pierre précieuse.

Hymne, m., chant sacré, f., — d'église.

Interligne, m., espace entre les lignes, f., terme d'imprimerie.

Laque, m., vernis, f., gomme.

Lys, m., fleur, f., rivière.

Livre, m., volume, f., poids.

Manche, m., poignée, f., vêtement, mer.

Manœuvre, m., qui sert les ouvriers, f. cordages, leur maniement, terme militaire.

Mémoire, m., écrit, f., faculté.

Mode, m., terme de musique, de grammaire, f., dans la parure, etc.

Moule, m., forme, modèle, f., coquillage.

Mousse, m., apprenti matelot, f., herbe, écume.

Œuvre, m., l'— d'un compositeur, le grand œuvre, f., action, banc de marguillier.

Office, m., devoir, emploi d'église, f., pour la bouche.
Ombre, m., jeu, poisson, f., obscurité, âme des morts.
Page, m., domestique, f., côté du papier.
Pâques, m., temps de pâques, f., fête des Juifs, fête chrétienne.
Parallèle, m., comparaison, cercle, f. ligne.
Perche, m., province, f., poisson, mesure, bâton.
Période, m., espace de temps vague, dernier degré d'un phénomène, f., d'un astre, d'histoire, phrase à plusieurs membres.
Personne, m., pronom, f., *substantif.*
Pivoine, m., bouvreuil, f., plante.
Plane, m., arbre, f., outil.
Platine, m., métal, f., — de fusil.
Ponte, m., — de jeu, f., — des animaux.
Poêle, m., fourneau, drap, voile, f., — à frire.
Poste, m., emploi, qu'on défend, f., — aux lettres.
Pourpre, m., maladie, couleur, poisson, f., teinture, étoffe.
Quadrille, m., jeu, f., — de tournois.
Relâche, m., repos, f., — pour les vaisseaux.
Remise, m., voiture, f., lieu, délai.
Satyre, m., demi-dieu, f., écrit.
Scolie, m., — de géométrie, f., — de grammaire.
Serpentaire, m., constellation, f., plante.
Sexte, m., collection de décrétales, f., une des heures canonicales.
Solde, m., — de compte, f.. — de celui qu'on soudoie.
Somme, m., sommeil, f., — d'argent.
Souris, m., ris modeste, f., animal.
Tour, m., de couvent, de tourneur, circuit, f., bâtiment, pièce du jeu d'échecs.
Triomphe, m., victoire, honneur, f., jeu.
Trompette, m., musicien, f., instrument.
Vague, m., — de l'air, — de la mer.
Vase, m., ustensile, f., bourbe.
Voile, m., à couvrir, f., — d'un vaisseau.

7. Quelques substantifs de professions s'emploient pour les deux sexes sans changer de genre ni de terminaison, *auteur, docteur, général, géomètre, graveur, médecin, orateur, philosophe, écrivain, poète, sculpteur, soldat, témoin, traducteur, peintre.*

VI. *Principes de la classification des noms en genres.*

1. Sont particulièrement masculins 1° les noms d'objets ou d'individus mâles, 2° les noms des êtres d'analogie masculine, 3° les noms de jours, de mois, de saisons, 4° les noms de nomenclature décimale, 5° les noms de métaux et demi-métaux, 6° les noms d'arbres et d'arbrisseaux, 7° les noms des vents, 8° les noms de montagnes, 9° les noms de villes en général, 10° les noms d'états, d'empires, de royaumes, de provinces, non terminés en *e* muet, 11° les adj. de nombres cardinaux, 12° les différentes espèces de mots employés substantivement, 13° les mots désignant un langage, un idiôme qui sont précédés de *le*.

2. Excepté 3° la *mi-août*, la *mi-septembre*, etc.; 5° les corps élémentaires, *oxigène, hydrogène*, et les corps binaires, *sulfate sulfite, nitrite*, etc.; 6° *épine, aubépine, ronce, yeuse, bourdaine, vigne*; 7° *bise, tramontane*; 8° *Alpes, Pyrénées, Cordillières*; 9° quelques noms de villes dont quelques-uns renferment l'article *la*, les noms de villes personnifiées.

3. Sont particulièrement féminins 1° les noms d'objets ou individus femelles; 2° les noms des êtres d'analogie féminine; 3° le plus grand nombre des noms de vertus et de qualités.

4. Les diminutifs suivent le genre des noms dont ils sont dérivés,

VII. *Détails sur le nombre dans les noms.*

Définition.—*Idée d'unité ou de pluralité ajoutée au nom et exprimée par un signe qui varie.*

1. Le signe de pluriel dans les noms est 1° *s* à la fin des noms pour la plupart, 2° *x* à la fin des noms pour ceux en *au, eau, eu, ou*, 3° *aux* pour ceux en *al, ail*. Nota. L'absence de ces signes marque le singulier; *s, z, x*, terminant les mots au singulier, ne permet pas de leur donner un signe particulier de pluriel.

2. Exceptions: *Bleu, bambou, coucou, écrou, filou, fou, matou, sou, trou, verrou*, prennent *s* au pluriel; Sing., *travail*, plur., *travaux*, sens ordinaire, *travails* d'administrations, appareils d'un maréchal.
Sing., *ciel*, plur., *cieux*, sens ordinaire, *ciels* de lits, de tableaux, climats.
Sing. *aïeul*, plur. *aïeux*, sens ordinaire *aïeuls*, grands parents.
Bercail n'a point de pluriel; *bétail* n'a de pluriel que *bestiaux*.
Sing. *œil*, plur. *yeux*, sens ordinaire; *œils* de bœuf (en architecture), de perdrix, (fabrication des toiles.)

3. N'ont point de pluriel
1° Les noms propres employés comme tels. (Employés par antonomase ils se déclinent.)

2° Un grand nombre de substantifs, particulièrement des noms d'abstraction, n'ont de pluriel que dans quelques sens ; on doit étudier, sous ce rapport, beaucoup de noms tels que des noms de métaux et de substances diverses, des noms d'abstractions, comme charité, ivresse, haine, bonté, courage, douceur, imprudence, impudence, méchanceté, injustice, intérêt, indiscrétion, repos, pauvreté, misère, fierté, martyre, mépris, renommée, clarté, captivité, esprit, haleine, oubli, ouïe, vue, goût, santé, tendresse, expérience, connaissance, bonheur, lever, coucher, jour, penchant, silence, contentement, hymen, affirmation, assises; etc.

3° Les mots étrangers alibi ; à parte, ave maria, deficit, quatuor, duplicata, errata, exeat, ex voto, impromptu, lazzi, quiproquo, alinéa, te deum, in-douze, in-seize, etc., alléluia, auto-da-fé, imbroglio.—Opéra, pensum, accessit sont plus incertains.

Debet, écho, factum, récépissé, numéro, zéro, piano, solo, trio, prennent s.

4° Les mots employés accidentellement en substantifs.

4. N'ont point de singulier, et méritent qu'on en cherche la raison, plusieurs substantifs, parmi lesquels nous citerons accordailles, aguets, alentours, ancêtres, annales, appas, armoiries, arrérages, assistants, atours, besicles, bestiaux, broussailles, catacombes, ciseaux, confins, décombres, dépens, doléances, entours, entraves, entrailles, épousailles, fiançailles, fonts, frais, funérailles, hardes, immondices, instances, limites, mânes, matériaux, matines, mœurs, mouchettes, pincettes, nipes, nones, obsèques, pleurs, prémices, proches, ténèbres, vêpres, vitreaux, vivres, etc.

5. Les substantifs composés se déclinent ou dans l'une de leurs parties, ou dans toutes deux, ou ne se déclinent dans aucune des deux, selon que ces parties sont de nature et de sens à prendre des formes de pluriel. Tels sont, écrits au pluriel, abbat-jour, appui-main, après-dinées, arcs-boutants, arcs-en-ciel, arrière-pensées, avant-bras, avant-coureurs, basses-cours, beaux-pères, blancs-seings, boute-feu, boute-selle, brise-tout, un cent-Suisses, des cent-Suisses, cerfs-volants, chasse-mouches, chefs-lieux, chefs-d'œuvres.

6. Dn singulier ou du pluriel après de ou une préposition.

Mettez le singulier, si le nom qui suit de est employé dans un sens vague et indéfini, dans un sens d'espèce en général, et non d'individus en particulier.

Mettez le pluriel quand le sens offre clairement l'idée d'individus pluriels bien distincts, de l'eau de rose, de la pâte d'amende, une maison de pierre, de l'huile d'olive, un pied de giroflée, un bouquet de roses, un pâté d'amandes, un amas de pierres, un baril d'olives, un pied d'œillets.

DE L'ARTICLE.

DÉFINITION. *Mot qui sert à modifier les substantifs ou les mots employés en substantifs dans un sens précis d'individualité, de totalité ou d'universalité, c'est-à-dire à faire signifier à ces mots tel individu ou tels individus précis et déterminés, la totalité d'une chose, tous les individus d'un même genre, d'une même espèce, etc.*

L'absence de l'article donne à ces mots un sens vague et indéterminé.

L'article se divise en

Article simple *le l'*, m. sing., *la l'*, f. sing., *les* pl. de t. g.

Article composé *au, aux, du, des* pour *à le, de le, à les, de les.*

Outre l'article propre, plusieurs mots remplissent les mêmes fonctions, ce sont :

Les pronoms adjectifs-collectifs, *tout, chaque, nul*, etc.

Les pronoms adjectifs-partitifs, *quelque, certain*, etc.

Les pronoms adjectifs-numériques, *un, deux, trois*, etc.

Les pronoms adjectifs-démonstratifs, *ce, cet, cette, ces.*

Les pronoms adjectifs-possessifs, *mon, ma, mes, ton, ta, tes, son, sa, ses, leur, leurs.*

VIII. *Emploi et modifications de l'article.*

1. L'article s'accorde en genre et en nombre avec le mot qu'il modifie.
2. L'article se répète devant chacun des mots qu'il modifie.
3. Avec plusieurs adjectifs unis par *et*, et appartenant à un seul substantif,

L'article se répète devant chacun des adjectifs, si leur incompatibilité suppose nécessairement des individus différens.

L'article ne se répète pas, si les adjectifs conviennent tous aux mêmes individus.

4. L'article pluriel exprimé une seule fois devant plusieurs substantifs, soit singuliers, soit pluriels, dans l'intention de les modifier tous, est incorrect.

6. L'article s'exprime en général quand on veut préciser dans l'objet, l'individualité, l'universalité ou la totalité.

L'article se supprime en général quand on veut laisser l'idée du substantif vague et indéterminée.

L'article devant les mots employés en substantifs suit les mêmes règles.

7. L'article s'exprime devant un adjectif pour représenter un nom qui vient d'être exprimé devant un autre adjectif, et qu'on sous-entend devant celui-ci.

8. Les noms propres de pays précédés de l'article présentent l'idée de la totalité, de l'individualité complète du pays qu'ils expriment.

Les noms de pays non précédés de l'article rappellent seulement l'idée du pays qu'ils expriment, mais dans un sens vague.

9. L'article se supprime devant les noms propres, à moins qu'il n'en fasse partie intégrante, ou encore si ces noms sont employés par antonomase.

Les noms d'actrices ne font plus exception à cette règle.

10. Devant les noms communs employés sans aucune idée fixe et complète de genre, d'espèce ni d'individu.

11. Devant les noms employés en forme de titre ou d'indication.

12. Après un verbe accompagné d'une négation de sens partitif retombant sur le nom, mais non pas si la négation prise dans un sens absolu retombe sur le verbe.

13. Dans certaines formes sentencieuses et proverbiales.

14. *Du, de le, de l', de la, de l', des, de les*, sont tantôt conjonctifs et tantôt partitifs.

Ces mots sont conjonctifs quand la préposition qui sert à les former exprime un rapport du substantif auquel ils appartiennent, avec un nom ou un adjectif précédent.

Ces mots sont partitifs quand ils présentent l'objet qu'ils modifient comme pris dans un genre ou une espèce en général, dont il fait partie.

15. Si un adjectif est placé entre l'article partitif et son substantif, l'article partitif se remplace par la préposition *de*.

L'article partitif resterait, si l'adjectif et le substantif formaient ensemble un sens où ils fussent indivisibles. *Des petits-maîtres, des grands'mamans, des francs-maçons.*

16. L'article s'emploie-t-il ou se supprime-t-il dans les énumérations et les accumulations ?

Pour précipiter l'énumération et lui donner plus d'entraînement, supprimez l'article.

Pour donner à l'énumération plus d'à plomb et plus d'énergie, exprimez l'article.

Si l'énumération est récapitulée par l'un de ces mots, *tout, chacun*, supprimez l'article.

17. L'article au pluriel devant des noms propres employés au pluriel par antonofmase, est emphatique.

DE L'ADJECTIF.

Définition : *Qualification attribuée à tel objet physique ou intellectuel.*

L'adjectif renferme deux idées : 1° celle de la qualification même, 2° celle du rapport de cette qualification à l'objet qualifié ; l'une renfermée dans le radical de l'adjectif, l'autre contenue dans la terminaison. C'est cette distinction qui produit les modifications de l'adjectif, et les règles qui les déterminent.

L'adjectif s'emploie quelquefois substantivement.

Quelquefois le substantif remplit la fonction d'adjectif, et qualifie un autre substantif.

L'adjectif se divise en

Adjectif commun,

Adjectif pronominal. (Nous verrons ce dernier au pronom.)

Trois modifications de l'adjectif : le genre, le nombre et le degré de signification.

IX. *Détails sur le genre des adjectifs.*

Définition. *Signe qui indique dans l'adjectif le genre du nom auquel il se rapporte.*

1. Le signe du féminin dans les adjectifs est *e* muet ajouté à la terminaison.

2. Le signe du masculin dans l'adjectif est l'absence d'*e* muet additionnel.

3. Dans ceux qui terminent leur masculin en *e* muet, cette distinction est impossible.

4. Plusieurs redoublent au féminin la consonne finale du masculin.

Ceux en *el* ou *eil* font *elle* ou *eille*.

Ceux en *an* font *anne*,

Excepté sultan, mahométan, océan, persan, ottoman, anglican.

sultane, mahométane, océane, persane, ottomane, anglicane.

Ceux en *ien* font *ienne*.

Ceux en *on* font *onne*.

Excepté patron, patrone.

Ceux en *as* font *asse*.

Excepté ras, rase.

Ceux en *et* font *ette*.

Excepté concrète, complète, discrète, incomplète, indiscrète, inquiète, secrète.

5. Ceux en *er* font *ère*.

6. Les adjectifs ci-après font leur féminin de la manière suivante :

Absous, absoute ; beau, belle ; benin, benigne ; blanc, blanche ; caduc, caduque ; doux, douce ; épais, épaisse ; époux, épouse ; faux, fausse ; favori, favorite ; fou, folle ; frais, fraîche ; franc, franche ; gentil, gentille ; grec, grecque ; gros, grosse ; huguenot, huguenote ; jaloux, jalouse ; jouvenceau, jouvencelle ; long, longue ; mou, molle ; malin, maligne ; nouveau, nouvelle ; public, publique ; roux, rousse ; nul, nulle ; sec, sèche ; sot, sotte ; tiers, tierce ; turc, turque ; vieillot, vieillote ; vieux, vieille.

7. Fat, châtain, n'ont point de féminin.

8. Ceux en *eur*, venant d'un participe en *ant*, font leur féminin en *euse*.

Excepté bailleur, bailleresse ; inspecteur, inspectrice ; (chasseur fait chasseuse dans le style familier, chasseresse dans le style oratoire et en poésie) ; demandeur, demanderesse ; gouverneur, gouvernante ; défendeur, défenderesse ; serviteur, servante ; pécheur, pécheresse ; ambassadeur, ambassadrice ; inventeur, inventrice ; pauvre, pauvresse.

Chanteur fait chanteuse, pour désigner une femme qui chante, cantatrice pour désigner une femme artiste dans ce genre.

On dit aussi appréciatrice, créatrice, dénonciatrice, adulatrice, productrice, scrutatrice, triomphatrice, créatrice, institutrice, déprédatrice, institutrice.

9. Les adjectifs en *teur*, non dérivés de participes en *ant*, font *trice* au féminin.

10. Imposteur n'a point de féminin.

11. Les adjectifs en *eur* qui éveillent une idée de comparaison ou d'opposition font leur féminin *euse*.

12. Les adjectifs en *f* font leur féminin *ve*.

X. *Détails sur le nombre des adjectifs.*

Définition. *Signe qui exprime dans l'adjectif le nombre du substantif auquel il se rapporte.*

1. Le signe du pluriel dans les adjectifs est *s* ajouté à la terminaison.

2. Le signe du singulier est l'absence de l'*s* additionnel.

3. Dans ceux qui terminent leur singulier par *s* ou par *x*, cette distinction est impossible.

4. Les adjectifs terminés par *eau* au singulier, prennent *x* au pluriel masculin.

5. Les adjectifs terminés par *al* forment leur pluriel masculin en *aux*.

Exception. Font leur pluriel masculin en *s*, malgré leur terminaison en *al*.

Amical, amicals.—Colossal, colossals.—Final, finals.—Frugal, frugals.—Glacial, glacials.—Initial, initials.—Nasal, nasals.—Pascal, pascals.—Théâtral, théâtrals.

6. N'ont point encore de pluriel masculin légitimé par l'usage

Adverbial, austral, bénéficial, boréal, brumal, canonical, décemviral, central, conjectural, clérical, diagonal, diamétral, doctoral, expérimental, fatal, labial, ducal, immémorial, filial, instrumental, jovial, lingual, littéral, lustral, magistral, marital, martial, médical, médicinal, mental, monacal, natal, naval, paroissial, pastoral, patronal, pénal, préceptoral, primatial, proverbial, quadragésimal, social, total adj., virginal, vocal, zodiacal.

Dans le cas où l'on hasarderait de leur donner un pluriel masculin, l'oreille déciderait s'il doit être en *al* ou en *aux*.

7. La suppression du *t* au plur. masc. des adjectifs en *ant* reste combattue par les grammairiens, et soutenue par l'usage.

XI. *Détails sur les degrés de signification dans les adjectifs.*

Définition. *Différence dans la manière d'envisager la qualification, laquelle est employée tantôt dans un sens absolu, tantôt dans un sens relatif, et avec l'idée d'une comparaison.*

1. On doit définir *le positif*, l'adjectif pris dans le sens absolu ; *le comparatif*, l'adjectif exprimant, outre la qualification, une idée de supériorité, d'infériorité de l'objet qualifié à l'égard d'un ou de plusieurs autres objets, *le superlatif*, l'adjectif exprimant l'idée de la qualification dans sa plus grande ou dans sa moindre étendue (c'est le *superlatif absolu*) ; 2° l'idée de la qualification avec celle de supériorité, d'infériorité ou d'égalité de l'objet qualifié avec tous les objets ou individus qui lui sont analogues (c'est le *superlatif relatif*.)

2. Les signes de ces différens degrés sont,

Pour le positif, l'absence des signes de comparatif ou de superlatif ;

Pour le comparatif de supériorité, plus, mieux, mis devant l'adj. ou le participe, et *que* après.

Pour le comparatif d'infériorité, moins, placé devant l'adj. ou le participe, et *que* après.

Pour le comparatif d'égalité, aussi, placé devant l'adj. ou le participe, et *que* après.

Trois adjectifs expriment par eux-mêmes et sans autres signes une idée de comparaison, ce sont meilleur, moindre, pire, pour plus bon, plus petit, plus mauvais (le premier inusité).

Remarque. Quand la comparaison se fait d'adj. à adj. la qualification la mieux établie dans l'objet où en compare plusieurs doit se placer la dernière, et celle ou celles qu'on lui compare doivent se mettre avant elle.

Pour le relatif, c'est *le, la, les, du, de la, des, mon, ton, son, notre, votre, leur*, placés devant les mots *plus, pire, meilleur, moindre, mieux, moins.*

Pour le superlatif absolu, c'est un de ces mots *fort, bien, très, infiniment, extrêmement, le plus, le moins, le mieux*, placés devant l'adjectif.

3. *Le plus, le moins, le mieux*, employés comme signes du superlatif absolu, et signifiant *le plus, le moins que la chose puisse être, qu'elle ait été*, sont pris adverbialement, et l'article y est invariable.

Il en est de même de ces mots employés *absolument* après un verbe sans participe ni adjectif qu'ils modifient.

4. *Nota.* Plusieurs superlatifs sont de nature à prendre la valeur absolue, ou la valeur relative, selon l'intention de celui qui les emploie.

5. Évitez d'employer au comparatif ou au superlatif les adjectifs suivans : *Divin, éternel, excellent, extrême, mortel, immortel, immense, infini, parfait, unique, universel, suprême.*

6. Le mot *généralissime* est le seul mot d'origine française qui exprime à lui seul un superlatif.

Les mots *illustrissime, révérendissime, excellentissime, éminentissime, sérénissime* nous viennent de l'italien.

7. L'adjectif prend les signes de genre et de nombre conformes au genre et au nombre des noms qu'il modifie."

8. *Demi, nu*, placés avant le substantif, *feu* dans cette forme : *feu la reine, feu ma mère*, pour *la feue reine*, etc., ne prennent ni genre ni nombre.

9. Il faut remarquer, au sujet de *demi*, qu'on distingue *demi-e*, adjectif, qui ne se place qu'après le nom et suit la règle d'accord. *Demi*, espèce d'adverbe, mot indéclinable qui se place devant les adjectifs et les noms pour signifier à moitié. *Demie*, substantif signifiant une moitié quantité abstraite, comme un entier.

10. *Supposé*, placé devant un substantif, devient invariable. *Compris, excepté, joint, inclus* s'emploient de la manière suivante : Il donne tous les ans aux pauvres mille écus, y *compris*, ou non *compris* les aumônes extraordinaires. Il donne tous les ans mille écus aux pauvres, les aumônes extraordinaires y *comprises*, ou non *comprises*. Ils ont tous péri, *excepté* cinq ou six personnes. Ils ont tous péri, cinq ou six personnes *exceptées*. Vous trouverez *ci-joint, ci-inclus* copie (sans article) de ce que vous demandez. Vous trouverez *ci-jointe, ci-incluse* la copie de ce que vous demandez.

11. Sont encore invariables les adj. qui sont pris adverbialement, c'est-à-dire qui ne figurent dans la phrase que pour modifier le verbe auquel ils sont joints.

12. L'adjectif se rapportant à deux ou à plusieurs substantifs distincts . soit singuliers, soit plu-

riels, se met au pluriel, prend le genre des substantifs s'ils sont de même genre, et le masculin s'ils sont de genres différents.

Lorsque les signes de genre sont sensibles à l'oreille dans l'adjectif, mettez le substantif masculin le plus près de l'adjectif que vous mettez au masculin.

13. Deux ou plusieurs substantifs synonymes les uns des autres n'admettent point la copulative *et*, et l'adjectif qui les qualifie s'accorde avec le dernier.

14. Lorsque dans plusieurs substantifs l'esprit ne considère que le dernier, l'adj. placé après ces substantifs s'accorde avec le dernier en supprimant la copulative *et*.

15. Peut-on exprimer *collectivement* par un substantif pluriel des individus que l'on qualifie ensuite un à un par des adjectifs au singulier ? *les cotes personnelle, mobiliaire et somptuaire*. Non, il faut exprimer un de ces individus par le singulier devant un adjectif singulier, puis, au moyen de l'article singulier, rappeler le nom devant chacun des autres adjectifs : la cote personnelle, la mobiliaire, la somptuaire.

16. Les adjectifs précédés de l'article s'emploient comme substantifs, et se rapportent alors à un nom générique sous-entendu.

XII. *Place et construction des adjectifs.*

1. En général l'adjectif se place après le substantif auquel il se rapporte.

2. Un grand nombre d'adjectifs se placent avant ou après le substantif, suivant l'acception qu'on veut donner à l'adjectif.

Placé avant le substantif, l'adjectif lui est plus intimement uni, et dit plus que quand il est placé après.

3. Pour la *construction* des adjectifs on doit consulter le goût, l'oreille, et les données suivantes :

Les adjectifs qui peuvent s'employer seuls et comme substantifs se placent après le substantif.

Les adjectifs formés de participes passés se placent toujours après le substantif.

Les articles *le la les*, les adjectifs pronominaux *ce, cet, cette, ees, quelque, tout*, etc., *mon, ton, son, notre, votre, leur*, précèdent toujours le substantif.

Quelconque se place toujours après le substantif.

Un adjectif qui a un régime, ou qui est modifié par un adverbe, doit toujours être placé après le substantif ; mais si c'est le substantif qui a un régime, il faut que l'adjectif précède, sinon le régime, au moins le substantif.

Dans le style élevé, l'adjectif peut quelquefois se placer après le verbe et loin du substantif.

Il faut toujours placer l'adjectif de manière qu'on voie sans peine à quel nom il se rapporte.

Enfin souvent aussi le sens du substantif dépend de la place de certains adjectifs.

XIII. *Régime ou complément des adjectifs.*

Les adjectifs sont de nature, les uns à demander un complément qui en fixe le vague, les autres à le rejeter, parce que leur sens est assez déterminé par lui-même ; d'autres enfin à s'en passer ou à l'admettre suivant l'acception où l'esprit les envisage. Ce complément verbe, ou nom, s'appelle *régime des adjectifs*. Le rapport du complément avec l'adjectif s'exprime par une de ces prépositions à, de, dans, en, sur, etc. Chaque adjectif a ses constructions propres qu'il faut connaître.

1. Construisez particulièrement avec à

Accessible, adroit, agréable, ajusté, antérieur, âpre, ardent, assortissant, attentif, cher, commun, conforme, contraint, contraire, convenable, enclin, exact, favorable, hardi, impénétrable, insensible, nuisible, odieux, préférable, préjudiciable, pret, propice, rebelle, réfractaire, sensible, sujet, terrible.

2. Construisez particulièrement avec de

Affranchi, amoureux, avare, avide, capable, complice, content, coupable, désireux, dénué, différent, digne, envieux, exempt, fier, fort, fou, glorieux, honteux, indigne, incapable, ivre, jaloux, las, mécontent, plein, ravi, rayonnant, redevable, soigneux, sur, tributaire, vide.

3. Remarquez les constructions suivantes :

Absent de pour les noms de choses, absolu pour les noms de personnes.—*Absurde* absolu.—*Affable* à ou envers.—*Affaissé* sous.— *Altéré, affamé* de.— *Alarmant* pour.—*Assidu* à pour les choses, et auprès de pour les personnes.—*Attirant* absolu ou avec à.—*Aveugle* sur.—*Célèbre* par.—*Civil* envers.—*Commun* à.—*Comparable* à ou avec.—*Comptable* à ou envers.—*Confus* de.—*Consolant* pour.—*Constant* dans avec un mot de sens déterminé ; en, avec un mot de sens vague.—

Cruel à est poétique; envers est plus simple. — *Curieux* de signifie qui recherche.—*Dangereux* à avec les noms de choses.—*Dédaigneux* de est poétique et même rare en ce sens.—Il est *difficile* de; chose *difficile* à.—*Docile* à.—*Dur* à.—*Effroyable* absolu.—*Endurci* à, dans, contre.—*Étranger* à.—*Expert* en et non dans.—*Fertile* en.—*Fidèle* à, en.—*Formidable* à.—*Furieux* contre, *furieux* de, signifiant passionné pour, n'a point été adopté.—*Gros* de.—*Habile* dans pour les choses déterminées, en pour un nom de chose vague, à avec l'infinitif.—*Heureux* de.—*Ignorant* en pour les choses vagues, sur pour les choses déterminées.—*Impatient* de est poétique.—*Incertain* ne prendrait de selon les grammairiens, que devant ce.—*Incompatible, inconciliable* ne sont jamais absolus au singulier; ils prennent avec.—*Inconcevable* à serait poétique.—*Inabordable* à est peu commun.—*Inaccessible* à.—*Inconnu* à.—*Connu* de.—*Inconsolable* de; sur est inusité.—*Incurable* absolu.—*Indulgent* à, pour, envers. — *Inébranlable* à est poétique.—*Inexplicable* à, dites d'un homme qu'il est indéfinissable, et non qu'il est inexplicable.—*Infatigable*, malgré quelques autorités, nous semble absolu.—*Inférieur* à pour l'objet auquel on compare; en pour le rapport sous lequel on compare.—*Inexorable* à devant un nom de chose. —*Infidèle* absolu en parlant des choses, prend à en parlant des personnes.—*Inquiet* de, pour ce qui cause l'inquiétude; sur pour ce qui en est l'objet. — *Inquiété* ne peut être absolu, *inquiet* peut l'être.—*Ingénieux* pour avec les noms; à avec les verbes.—*Ingrat* envers; à dans le sens de qui résiste.—*Insatiable* de.—*Inséparable* de, n'est absolu qu'au pluriel.—*Insolent* avec.—*Invincible* à n'est pas reçu.—*Invulnérable* au figuré. — *Lent* dans avec les noms, à avec les verbes.—*Libre* de pour délivré de, non pour peu attaché à.—*Ménager* de est moins bon que *économe* de.—*Miséricordieux* envers. —*Nécessaire* à dans un sens prochain; pour dans un sens plus éloigné.—*Officieux* à est une hardiesse oratoire; envers nous semble lourd et aussi peu usité.—*Orgueilleux* de avant les noms et avant les verbes.—*Paresseux* à ou de devant un infinitif.—*Plausible* est absolu.—*Pénible* à avec un infinitif.— *Précieux* à.—*Préliminaire* est absolu.—*Prodigue* de pour ce qu'on prodigue envers; pour ceux à qui on le donne.—*Reconnaissant* envers pour les personnes; de pour les choses.—*Redoutable, respectable* à pour les personnes n'est guère correct qu'avec les noms.—*Responsable* de, pour ce dont on répond; à ou envers pour ceux à qui on en répond.—*Riche* de ou en pour ce que nous possédons; par a été employé. — *Sévère* à, pour, envers.—*Sourd* à.—*Stérile* en.—*Supportable* à.—*Tardif* à avec les verbes.

4. Un substantif ne peut se construire seul avec plusieurs adjectifs de constructions différentes.

XIV. *Adjectifs de nombre.*

Définition. *Adjectifs qui expriment la quantité ou l'ordre ou le rang des personnes ou des choses.*

Se divisent en
Adjectifs de nombre cardinaux;
Adjectifs de nombre ordinaux;
Les *adjectifs de nombre cardinaux* marquent la quantité des personnes ou des choses, un, deux, etc.
Ces adjectifs forment les ordinaux, excepté premier et second.
Les adjectifs de nombre *ordinaux* marquent l'ordre et le rang des personnes ou des choses, *premier, second.*

XV. *Substantifs de nombre.*

On distingue :
Ceux qui expriment une quantité ou collection d'individus, dixaine, million, etc.
Ceux qui expriment les portions d'un tout, demie, quart, tiers, etc.
Ceux qui expriment augmentation progressive de nombre ou d'étendue, double, triple, etc.
Les substantifs de nombre cardinaux s'emploient, au lieu des adjectifs de nombre ordinaux, pour désigner les heures et les années courantes, le quantième du mois (excepté le 1ᵉʳ du mois.)
L'ordre de succession des souverains et de certains princes.

Nombre et genre des adjectifs de nombre.

Les adjectifs de nombre ordinaux prennent les formes de genre et de nombre conformément aux règles générales.
Les adjectifs de nombre cardinaux sont invariables.
Exception. Vingt et cent précédés d'un autre adjectif de nombre qui les multiplie prennent la marque du pluriel *s*, soit qu'on exprime, soit qu'on sous-entende après eux le substantif auquel ils se rapportent. Quatre-vingt et cent même, ainsi modifiés, s'écrivent sans *s* lorsqu'un autre nombre est à la suite (quatre-vingt-deux) ou dans la date des années (l'an mil sept cent), c'est comme s'il y avait l'an mil sept centième.

Un seul adjectif de nombre cardinal, *un*, a un féminin exprimé, *une*.

Constructions.

Par rapport au pronom indéfini *en*, observez la construction suivante.
Sur 100,000 combattants, il y *en* eut 1,000 de tués.
Sur 100,000 combattants, il y eut 1,000 hommes tués. (*De* serait une faute.)

DES PRONOMS ET DES ADJECTIFS PRONOMINAUX.

Pronom.

DÉFINITION. *Mot qui, sans rien signifier par lui-même, sert à représenter un nom énoncé une première fois.*

Adjectif pronominal.

Il participe du pronom dont il est une modification, et de l'adjectif dont il remplit le rôle en qualifiant un objet.

Le pronom représente le nom et ne l'accompagne pas.
L'adjectif pronominal accompagne le nom et ne le représente pas.
Le pronom tient lieu quelquefois d'une phrase entière.

Se divise en

Pronoms personnels : *je, me, moi, nous, tu, te, toi, vous, il, elle, ils, elles, lui, leur, eux, se, soi,* improprement *le, la, les, ce.*

Pronoms possessifs : *le mien, le tien, le sien, le nôtre, le vôtre, le leur.*

Adjectifs pronominaux possessifs : *Mon, ton, son, notre, votre, leur, ma, ta, sa, notre, votre, leur, mes, tes, ses, nos, vos, leurs.*

Pronoms démonstratifs : *Ce, celui, celle, celle-ci, celui-ci, celui-là, celle-là, ceci, cela, ceux, celles, etc.*

Adjectifs pronominaux démonstratifs : *Ce, cet, cette, ces.*

Pronoms relatifs : *Qui, que, quoi, lequel, dont, où, le, la, les, en, y, l'un, l'autre.*

Pronoms indéfinis : *On, quiconque, quelqu'un, chacun, autrui, personne, rien, l'un, l'autre, qui que ce soit, quoi que ce soit, quoi que.*

Adjectifs pronominaux indéfinis : *Quelque, chaque, certain, quelconque, quel, quelque, quelque que.*

Sont employés, tantôt comme pronoms indéfinis, tantôt comme adjectifs pronominaux indéfinis, *tel, nul, aucun, pas un, autre, l'un et l'autre, plusieurs, tout.*

XVI. *Pronoms personnels.*

DÉFINITION. *Les pronoms personnels rappellent l'idée de première, de deuxième et de troisième personne singulier ou pluriel, selon le besoin de la phrase.*

Personnes dans le sens grammatical.
{ 1re *personne,* quand *je* parle de *moi* ou de *nous.*
2e *personne,* quand *je te* parle de *toi,* quand *je vous* parle de *vous.*
3e *personne,* quand on parle d'un *tiers* (personne ou chose).

Pronoms de la 1re personne : *Je, me, moi, nous.*
Pronoms de la 2e personne : *tu, te, toi, vous.*
Pronoms de la 3e personne : *Il, lui, elle, se, soi, ils, elles, eux, leur, le, la, les.*
Unipersonnel : *Il, ce.*

TABLEAU DES DIVERS EMPLOIS DES PRONOMS PERSONNELS.

	Je	me	moi	nous	tu	te	toi	vous	il	ce	ils	le	la	les	elle	lui	eux	leur	se	soi
Suj. simple	Je			nous	tu			vous	il	ce	ils				elle					
Rég. dir. simple		Me		nous		te		vous				le	la	les						
Rég. ind. simple		Me		nous		te		vous								lui		leur		
Rég. d'impér			Moi	nous			toi	vous				le	la	les		lui, m. f.				
Rég. de prép			Moi	nous			toi	vous							elle	lui	eux			soi
Compl. de conj.			Moi	nous			toi	vous							elle	lui	eux			soi
Suj. emph.			Moi	nous			toi	vous							elle	lui	eux			soi

3

	Je	me	moi	nous	tu	te	toi	vous	il	ce	ils	le	la	les	elle	lui	eux	leur	se	soi
Rég. dir. emphati			Moi	nous			toi	vous							elle	lui	eux			soi.
Réfl. direct		Me		nous		te		vous											se.	
Réfl. indirect		Me		nous		te		vous											se.	
Réciproque				Nous				vous											se.	
Explétif			Moi					vous.												
Inv. comme sujet	Je			nous	tu			vous	il	ce	ils				elle.					
Unipersonnel									Il	ce.										

Inversion. Elle a lieu dans les phrases interrogatives, dubitatives, exclamatives, optatives, dans les parenthèses, après *peut-être, aussi, à peine*, commençant une phrase.—Devant *je* le verbe terminé par *e* le change en *é*. On évite en général l'inversion de *je*, avec les verbes monosyllabes.

Je. *Nature.* M. f., 1re pers.—*Fonction.* Voy. le tableau.—*Place.* Se met ordinairement devant le verbe.—*Remarque.* Devient *j'* devant une voyelle ou une *h* muette.

Me. *Nature.* M. f., 1re pers. sing. — *Fonction.* Voy. le tableau. Se construit avec *je* et *moi*. — *Place.* Se place toujours devant le verbe. On trouve quelquefois un verbe entre deux, mais jamais à un temps composé. Quand plusieurs pronoms accompagnent un verbe, *me* doit être placé le premier. Répétez *me* à côté de chacun des verbes dont il est le régime, surtout s'ils gouvernent des cas différents.—*Remarque.* Devient *m'* devant une voyelle ou une *h* muette.

Moi. *Nature.* M. f., 1re pers. sing.—*Fonction.* Voy. le tableau. Se dit des personnes et des choses personnifiées. Régime direct ou indirect employé concurremment avec *y* se met après lui; avec *en*, c'est *me* qu'on met devant. — *Place.* Se met après le mot dont il est le régime.

Nous. *Nature.* M. f., 1re pers. pl. *Fonction.* Voy. le tableau. Se dit des personnes et des choses personnifiées. Exprimez *nous* deux fois dans ces phrases : eux et nous, nous vous remercions. — *Place.* Se met ordinairement auprès du verbe, soit avant, soit après. Placé après le verbe, il en est quelquefois séparé. Formes collectives : *toi et moi, lui et moi, eux et moi, nous nous connaissons.*

Tu. *Nature.* M. f., 2e pers. sing.—*Fonction.* Voy. le tableau. Se dit des personnes et des choses personnifiées. — *Place.* Se met devant le verbe, et immédiatement après dans la phrase inversive.

Te. *Nature.* M. f., 2e pers. sing.—*Fonction.* Voy. le tableau. S'allie avec *tu* et *toi*.—*Place.* Se met toujours devant le verbe dont il est le régime. Quelquefois un verbe non composé peut le séparer du verbe qui le gouverne.—*Remarque.* Devient *t'* devant une voyelle ou une *h* muette.

Toi. *Nature.* M. f., 2e pers. sing.—*Fonction.* Voy. le tableau. Se dit des personnes et des choses personnifiées. *Place.* Se met après le mot dont il est le régime.

Vous. *Nature.* M. f., 2e pers. pl. — *Fonction.* Voy. le tableau. Se dit des personnes et des choses personnifiées. Employé pour le singulier, attire au singulier les adjectifs et les participes.—*Place.* Se met auprès du verbe, soit avant, soit après.

Formes collectives : *toi et lui, vous vous connaissez; toi et moi, nous nous connaissons; toi et nous, nous nous connaissons; eux et toi, vous vous connaissez.*

Il. *Nature.* M., 3 pers. sing.—*Fonction.* Se dit des personnes et des choses.—*Place.* Se met en général près du verbe auquel il appartient, et avant lui. Inversif dans les mêmes circonstances que *je*.

Ils. *Nature.* M., 3e pers. pl.—*Fonction* et *place*. Voy. la syntaxe de *il*.

Elle. *Nature.* F., 3e pers., sing.—*Fonction* et *place*. Voy. la syntaxe de *il*.—*Elle* en régime personnifie les objets.

Elles. *Nature.* F., 3e pers. pl. *Fonction* et *place*. Voy. la syntaxe de *il*.

Lui. *Nature.* M., 3e pers. sing.—*Fonction.* Employé en sujet ou en régime, il personnifie les objets ; pour les choses on le supplée par *le, la, en, y*.—*Place.* Se construit avant ou après le verbe, toujours après lorsque le verbe est à l'impératif.

Eux. *Nature.* M., 3e pers. pl.—*Fonction.* Voy. la syntaxe de *lui*.

Leur. *Nature.* M. f., 3e pers. pl., pour à *eux*, à *elles*. — *Fonction.* Se dit principalement des personnes.—*Place.* Se met avant le verbe qui le gouverne; après, si le verbe est à l'impératif.

Se.   *Nature*. M. f., 3ᵉ pers. sing. — *Fonction*. Se dit des personnes et des choses. — *Place*. Se met auprès du verbe dont il est le régime, et n'en peut être séparé que par un verbe non composé.

Soi.   *Nature*. M. f., 3ᵉ pers. sing. —*Fonction*. Se dit des personnes et des choses. Ne s'emploie pour les personnes qu'après un sujet vague et indéfini, autrement on se sert de *lui* ou *elle*.—S'emploie pour les choses concurremment avec *soi, lui, elle*. — *Place*. Se met auprès du verbe, soit avant, soit après.

Le.   *Nature*. M., 3ᵉ pers. sing.   ⎫
La.   *Id.*   F., 3ᵉ pers. sing.   ⎬   *Place*. Avant le verbe s'ils sont régimes directs simples, après
Les.   *Id.*   M. f., 3ᵉ pers. pl.   ⎭   le verbe s'ils sont régimes d'impératif.

Ce.   *Nature*. Unipersonnel indéclinable. *Place*. Il est inversif, et dans les mêmes circonstances que *je, i'*, etc.

Répétition des pronoms personnels.

Je, tu, il, elle, nous vous, ils, elles, sujets, se répètent 1° quand on passe dans des verbes qui se suivent, de l affirmation à la négation ; 2° quand les propositions sont liées par toute autre conjonction que *et, mais, ni.* Partout ailleurs on répète ou l'on ne répète pas les pronoms personnels sujets, selon que par là on donne ou l'on ôte à la phrase de l'énergie ou de la clarté.

Le, la, les, pronoms personnels régimes, se répètent 1° devant les verbes qui sont à des temps différents ; 2° devant plusieurs verbes de suite à quelque temps qu'ils soient.

XVII. *Pronoms possessifs.*

Définition. *Pronom renfermant deux idées : celle de l'objet qu'il représente, et celle de* 1ʳᵉ*, de* 2ᵉ *ou de* 3ᵉ *personne* dans l'individu auquel appartient l'objet représenté ; de là deux rapports, l'un d'identité, qui produit l'accord du pronom avec la chose possédée ; l'autre de propriété qui s'exprime par une sorte d'analogie du pronom avec la personne grammaticale de l'individu possesseur.

                      ⎧ de 1ʳᵉ pers. s., *le mien*, s. m., *la mienne*, s. f., *les miens*, m. pl., *les miennes*, f. pl.
Ainsi le pronom pos-⎪ de 2ᵉ pers. s., *le tien*, s. m., *la tienne*, s. f., *les tiens*, m. pl., *les tiennes*, f. pl.
sessif est pour un ⎨ de 3ᵉ pers. s., *le sien*, s. m., *la sienne*, s. f., *les siens*, m. pl., *les siennes*, f. pl.
objet possesseur   ⎪ de 1ʳᵉ p. pl., *le nôtre*, s. m., *la nôtre*, s. f., *les nôtres*, pl. m.
                      ⎩ de 2ᵉ p. pl., *le vôtre*, s. m., *la vôtre*, s. f., *les vôtres*, pl. m. f.
                        de 3ᵉ p. pl., *le leur*, s. m., *la leur*, s. f., *les leurs*, pl. m. f.

1. Ces pronoms ne peuvent servir à représenter des noms de choses employés par antonomase pour désigner des personnes.

2. Dites : *c'est le sentiment de mon frère et le mien*, et non : *c'est le sentiment de mon frère et de moi.*

3. *Le mien, le tien, le nôtre, le vôtre*, sous toutes les formes, représentent également des personnes et des choses.

4. *Le sien, le leur*, ne se disent que de ce qui appartient aux personnes ou aux choses personnifiées grammaticalement.

5. S'emploient comme substantifs *le mien, le tien, le sien, les miens, les tiens, les siens, les nôtres, les vôtres*, mis pour *ancêtres, proches, amis, serviteurs, concitoyens.*

6. *Le nôtre, le vôtre*, prennent un accent circonflexe à tous leurs nombres.

XVIII. *Adjectifs pronominaux possessifs.*

Définition. *Comme adjectifs, ils qualifient dans un sens de propriété les objets auxquels ils sont joints.* Ils présentent le double rapport d'accord avec l'objet possédé, et d'analogie avec la personne grammati- de l'objet possesseur.

                                ⎧ de 1ʳᵉ pers. sing., *mon*, s. m., *ma*, s. f., *mes*, pl. m. f.
                                ⎪ de 2ᵉ pers. sing., *ton*, s. m., *ta*, s. f., *tes*, pl. m. f.
Ainsi l'adjectif possessif est pour ⎨ de 3ᵉ pers. sing., *son*, s. m., *sa*, s. f., *ses*, pl. m. f.
un objet possesseur.   ⎪ de 1ʳᵉ pers. plur., *notre*, s. m. f., *nos*, pl. m. f.
                                ⎪ de 2ᵉ pers. plur., *votre*, s. m. f., *vos*, pl. m. f.
                                ⎩ de 3ᵉ pers. plur., *leur*, s. m. f., *leurs*, pl. m. f.

Mon, ma, mes, ton, ta, tes, son, sa, ses.

1. Devant une voyelle ou une *h* muette, on met *mon* pour *ma*, *ton* pour *ta*, *son* pour *su*.

2. On met l'article au lieu de l'adjectif pronominal devant un nom en régime, quand un pronom personnel voisin établit suffisamment dans la phrase le sens de possession, mais rétablissez le pronom possessif s'il y a équivoque.

3. Les adjectifs pronominaux possessifs se répètent 1° devant chaque substantif, 2° devant plusieurs adjectifs appartenants à un même substantif, dans le même cas où l'on répèterait l'article.

4. *Son, sa, ses*, appartiennent aux personnes, aux choses réellement animées ou à celles qui deviennent animées par un tour grammatical ou un mouvement oratoire. Servez-vous de *en* si le rapport de propriété tombe sur un nom de chose nécessairement inanimé.

5. *Notre, votre, nos, vos*, même syntaxe que *mon, ma, mes*.

6. Quand on emploie *vous* au lieu de *tu*, quoiqu'on ne parle qu'à une seule personne, on se sert de *votre* au lieu de *ton*.

7. *Notre, votre*, adjectifs pronominaux, ne prennent pas l'accent circonflexe.

8. *Leur, leurs*, appartiennent plus souvent aux choses animées, quelquefois aux choses inanimées.

XIX. *Pronoms démonstratifs.*

Définition: *Comme pronoms ils représentent un nom ou ils en tiennent la place ; comme démonstratifs ils provoquent l'attention et l'appellent sur l'objet.*

Les pronoms démonstratifs sont : *ce* (s. m.), *celui* (s. m.), *celle* (s. f.), *ceux* (pl. m.), *celles* (pl. f.), *celui-ci* (s. m.), *celle-ci* (s. f.), *ceux-ci* (pl. m.), *celles-ci* (pl. f.), *celui-là* (s. m.), *celle-là* (s. f.), *ceux-là* (pl. m.), *celles-là* (pl. f. , *reci* (inv.), *cela* (inv.).

1. *Ce* pronom démonstratif est toujours joint au verbe être, ou suivi d'un relatif.

2. *Ce* répond aux deux genres et aux deux nombres.

3. *Ce* a souvent rapport à une chose précédemment énoncée, ou qui va être énoncée.

4. *C'est....qui — Ce qui,.....c'est* ne sont souvent que de simples élégances.

5. *C'est..... que de* ne peut jamais perdre *de* ni *que*.

6. *C'est* ou *ce sont* ou *de l'emploi du singulier ou du pluriel dans ces formes. C'est* s'emploie devant un ou plusieurs noms singuliers. — Devant un nom pluriel précédé d'une préposition. — Devant *nous, vous*, et les pronoms personnels du singulier. — *Ce sont* s'emploie devant un ou plusieurs noms pluriels. — Devant *eux, elles*. (Nota) Cette règle a lieu, quelque forme de négation, d'interrogation ou d'inversion que puisse prendre la phrase.

Remarque. On trouve *c'est* mis devant des noms pluriels : et dans ce cas le verbe *être*, dans la pensée de l'auteur, se rapporte à *ce* et non pas aux noms ; mais on ne peut mettre *ce sont* dans les cas assignés à *c'est*.

7. *C'est, ce sont* doivent toujours se mettre au temps du verbe correlatif.

8. *Être* accompagné de *ce* inversif ne prend la forme du pluriel qu'à l'imparfait indicatif et aux temps du conditionnel.

Remarque. Examinez le sens intentionnel de *c'est* et de *ce sont* dans ces deux phrases : *Votre Lisette et votre médecin, c'est la même personne. Votre servante et votre confesseur, ce sont les deux tyrans de votre vie.*

9. *C'est, ce sont* suivis de *à, de, par, pour, sans* admettent ces deux constructions : *c'est à vous que je parle*, et : *c'est vous à qui je parle* ; mais non pas cette troisième : *c'est à vous à qui je parle* ; c'est-à-dire qu'on peut mettre ou le régime et la préposition dans la phrase de *c'est*, et *que* conjonction dans la phrase correlative, ou le régime seul dans la phrase de *c'est*, et la préposition avec un relatif dans la phrase correlative ; mais jamais la préposition dans les deux phrases à-la-fois. Remarquez que *c'est* est invariable dans la seconde de ces deux constructions régulières.

10. Après *ce qui, ce que, ce dont, ce à quoi*, etc. *ce de c'est* peut-il se retrancher ?—En général on ne le retranche pas. — On permet de le retrancher devant un nom au singulier qui suit immédiatement *être*. — Ne l'omettez jamais devant un nom pluriel. — Retranchez-le devant un adjectif.

11. *Celui, celle, ceux, celles* appliqués aux choses veulent un nom précédemment exprimé.—Appliqués aux personnes, ils ont encore rapport à un nom déjà exprimé, mais joints à l'un des mots *qui, que, dont, duquel, à qui*, etc., ils peuvent s'employer dans un sens général, et sans se rapporter à aucun nom précédent.

12. *Qui* s'emploie souvent seul pour *celui qui*. Cette ellipse est essentiellement sentencieuse, *celui, celle, ceux, celles*, ne peuvent être suivis immédiatement d'un adjectif ou d'un participe ; ils veulent un relatif entre deux.

13. *Celui, celle*, etc., ne représentent pas toujours le nom même exprimé précédemment, avec la

même idée de nombre. Très-souvent ce nombre est différent, et quand il est le même, ce n'est point par identité, mais par ressemblance.

14. *Celui-ci, celle-ci, ceux-ci, celles-ci, celui-là, celle-là, ceux-là, celles-là*, ont par eux-mêmes, sans aucun rapport avec un nom précédemment ou postérieurement exprimé, une signification précise et déterminée. Ils ne doivent jamais être immédiatement suivis de *qui, que, dont, de qui, etc.*, excepté dans cette construction : *Celui-là est deux fois grand, qui sait se vaincre lui-même*, ou encore si *qui, que, dont, etc.*, forment avec leur membre de phrase une sorte de parenthèse.—*Celui-ci, celui-là*, employés par opposition, désignent *celui-ci*, l'objet des deux le plus voisin de celui qui parle, ou l'objet cité le dernier ; *celui-là* l'objet le plus éloigné ou le premier cité.

15. *Ceci, cela*, suivent la même règle et ne se disent en général que des choses employées séparément ; ils se confondent dans leur signification.—*Cela* s'emploie pour les personnes dans un sens familier ou par mépris.

XX. *Adjectifs pronominaux démonstratifs.*

Définition. *Ils accompagnent un nom pour lui faire désigner spécialement tel objet ou tel individu.*

Les adjectifs pronominaux démonstratifs sont : *ce* (s. m.), devant une consonne ou une *h* aspirée ; *cet* (s. m.), devant une voyelle ou une *h* muette ; *cette* (s. f.), *ses* (pl. m. f.). Ils se répètent devant chacun des substantifs qu'ils modifient.

XXI. *Pronoms relatifs.*

Définition. *Rappellent l'idée de l'objet et de l'individu exprimé dans leur antécédent.*

Les pronoms relatifs propres (ceux qui font du membre de phrase auquel ils appartiennent une véritable apposition à l'antécédent) sont : *qui, que, quoi, dont, où* (invariables), *lequel* (s. m.), *laquelle* (s. f.), *lesquelles* (pl. f.) ; les pronoms relatifs impropres (ceux qui marquent une simple relation) sont : *le, la, les, en, y, l'un, l'autre.*

Le membre de phrase où sont employés les relatifs propres s'appelle *phrase incidente, phrase relative.*

Qui est absolu ou relatif.

1. *Qui* absolu, c'est-à-dire sans antécédent exprimé ni sous-entendu, signifie dans le sens affirmatif : *quiconque, celui qui, celle qui, celui que, celle que*; dans le sens interrogatif : *quelle personne?* il s'emploie comme sujet, comme régime de verbe et de préposition ; il répond aux deux genres, au nombre singulier, et ne s'emploie qu'en parlant des personnes ou des choses personnifiées.

2. *Qui* relatif, c'est-à-dire ayant un antécédent exprimé, est pour *lequel, laquelle, lesquels*, et s'emploie *comme sujet ou comme régime de préposition.*

3. *Qui* sujet se dit des personnes et des choses, et ne peut être remplacé par *lequel, laquelle*, que dans le cas d'amphibologie.

4. *Qui*, régime d'une préposition, ne se dit que des personnes ou des choses personnifiées. Pour les choses de sens inanimé, il faut se servir de *lequel, laquelle*; la poésie même ne doit enfreindre cette loi qu'avec réserve.

5. *Qui* sujet prend le genre, le nombre et la personne de son antécédent, et attire à ce genre, à ce nombre et à cette personne les adjectifs qui s'y rapportent. *Nota.* Il importe seulement de bien fixer l'antécédent réel du relatif.

6. *Qui* sujet, ayant pour antécédent un nom propre, offre une variété remarquable dans la personne, 1° selon que le nom propre représente la personne qui parle, celle à qui l'on parle ou celle de qui l'on parle, son rapport est de 1re, de 2e ou de 3e personne ; 2° le nom propre précédé de *ce* est toujours de 3e personne ; 3° dans les phrases négatives ou dans les phrases interrogatives dont la réponse serait une négation, le nom propre est de 3e personne.

7. *Qui* sujet ne se sépare pas de son antécédent ; *qui* absolu signifiant *quiconque* est sujet de deux verbes, et n'admet point devant le second un autre sujet exprimé ou sous-entendu.

8. Pour répéter *qui* devant plusieurs appositions, consultez le sens et la clarté.

9. *Qui* répété s'est employé pour *l'un, l'autre, celui-ci, celui-là.* Cette tournure a vieilli.

Que est absolu ou relatif

10. *Que* absolu, c'est-à-dire sans antécédent, est pour *quelle chose?* et fait les fonctions de régime direct dans les phrases interrogatives ; ou pour *à quoi bon?* c'est alors une sorte d'emploi adverbial ; ou pour *à quoi?* et il est régime indirect

11. *Que* relatif, c'est-à-dire ayant un antécédent, signifie *lequel, laquelle, lesquels, lesquelles;*—n'est jamais sujet;—s'emploie en régime direct, et alors il ne peut être remplacé par *lequel, laquelle,* que dans le cas d'amphibologie; — s'emploie quelquefois par concision en régime indirect pour *lequel, laquelle,* et une préposition conformément à un premier régime déjà exprimé dans la phrase; c'est pour éviter une répétition monotone.

12. Pour répéter *que* devant plusieurs appositions, consultez le sens et le besoin de clarté.

Quoi est absolu ou relatif.

13. *Quoi* absolu, c'est-à-dire sans antécédent, est pour *quelle chose?* Il est sujet, ou régime direct, ou régime de préposition.

14. *Quoi* sujet, suivi d'un adjectif, se construit avec lui par *de.*

15. *Quoi* relatif s'emploie pour *lequel, laquelle,* est toujours régime de préposition, et peut toujours se remplacer par *lequel, laquelle.*

16. De *quoi* a un sens absolu de *moyen,* de *faculté,* de *matière.*

17. *Quoi,* suivi de *que* indéclinable, signifie *quelque chose que,* et veut le subjonctif.

18. *Quoi,* dans aucun cas, ne se dit autrement que des choses.

19. *Je ne sais quoi* forme un substantif dans *un je ne sais quoi.*

20. *Lequel, laquelle, lesquels, lesquelles, duquel, auquel, dont, etc.,* sont toujours relatifs.—S'emploient pour les personnes et pour les choses.

21. *Lequel, etc.,* sont tantôt sujet, tantôt régime direct, tantôt régime de préposition.—Remplacent *qui* et *que* relatifs dans les cas indiqués à ces mots. — *Dont,* pour *duquel, etc.,* est régime d'un nom, d'un adjectif, d'un verbe ou d'un adverbe. — *Duquel, etc.,* même régime que *dont;*—Ne remplace *dont* qu'en cas d'amphibologie.

22. *Duquel,* régime d'un nom gouverné lui-même par une préposition, ne saurait se remplacer par *dont,* et il faut dire, non, *le plaisir dont nous nous laissons prendre aux attraits,* mais *aux attraits duquel, etc.*

23. *Auquel,* régime indirect, ne remplace pas indifféremment *à qui,* pour les personnes; il est moins simple et moins naturel.—Ne se remplace point par *à qui,* pour les choses inanimées de fait et d'intention.

24. *Lequel, etc.,* après toute autre préposition que *à* et *de,* se remplace indifféremment par *qui* pour les personnes, ne se remplace point pour les choses.

25. *Dont* s'emploie quelquefois plutôt que *d'où,* et *d'où* ailleurs plutôt que *dont.* Voy. *où; d'où, par où* sont absolus ou relatifs.

26. *Où* absolu est interrogatif en général.

27. *Où* absolu a un antécédent exprimé avant ou après lui, et quelquefois sous-entendu.

28. *Où, d'où, par où,* n'ont pas toujours pour antécédent un nom de lieu, et sont souvent employés pour *dans lequel, duquel, par lequel* avec un antécédent de chose, il faut pourtant qu'il y ait une sorte de localité physique ou morale, et c'est par licence que la poésie s'affranchit quelquefois de cette obligation.

29. *D'où* ne saurait remplacer *dont* pour marquer la race ou l'origine; — *Dont* à son tour ne peut remplacer *d'où* pour marquer le lieu *d'où* l'on part.

30. *Le, la, les,* pronom relatif, accompagne toujours un verbe, tandis que le même mot article accompagne toujours un nom. — Est toujours régime direct. — Se place toujours avant le verbe qui le gouverne, ou immédiatement après, si le verbe est à l'impératif. — Employé concurremment avec *me, te, se, nous, vous,* se place en dernier; avec *moi, lui, leur, en y,* se place en premier.

31. *Le,* représentant une préposition entière, est indéclinable, et tient la place de *cela.*—Représentant un nom propre ou un nom commun, il se décline et prend le genre et le nombre de ce nom. — Représentant un adjectif ou un substantif pris adjectivement, il est indéclinable. — Pour reconnaître auquel des deux derniers cas appartient le pronom, essayez de le tourner par *lui, elle, eux, elles,* ou par *tel, telle, tels, cela.* La première substitution désigne un substantif, la seconde un adjectif.—Dans aucun de ces cas on ne peut le supprimer.

32. *Le* ne peut régulièrement s'omettre dans ces sortes de phrases : *rendez-le lui, il le lui doit, ne le voulez-vous pas,* etc., sans supprimer un régime essentiel à la phrase.

33. *Le* ne doit point se placer trop loin du substantif auquel il se rapporte.

34. *En* est tantôt relatif et tantôt partitif.

35. *En* relatif n'a ni genre ni nombre.—Est toujours régime indirect d'un nom, d'un adjectif, d'un verbe neutre, d'un verbe passif ou d'un adverbe. — Se dit des choses dans tous ces cas; se dit des personnes comme régime d'un verbe passif ou d'un adjectif, et moins souvent comme régime d'un

nom, d'un verbe neutre ou d'un adverbe. — Régime d'un nom, il est pour *son, sa, ses, leur, leurs*, et les remplace nécessairement après un nom de chose inanimée, qui n'est personnifiée ni oratoirement ni grammaticalement. La poésie, pour s'écarter de cette règle, doit légitimer cette licence par un avantage de précision bien évident; la prose ne le peut jamais.

36. *En* partitif n'a ni genre ni nombre. — Ne peut se construire avec un adjectif ou un participe suivant, qu'à l'aide de *un, une* devant un singulier, de *quelques-uns, plusieurs*, devant un pluriel, afin que ces nombres puissent se rattacher à quelque chose. — Se dit des personnes et des choses. — Est régime direct d'un verbe. — Régime d'un participe passé et placé devant ce participe, il le laisse invariable.

37. De tous les mots qui peuvent gouverner *en*, le verbe seul le veut auprès de lui, les autres en sont toujours séparés par un ou plusieurs mots.

38. *Y* est toujours relatif. — N'a ni genre ni nombre. — Est pour *à lui, à elle, à eux, à elles, à cela*, et ne se dit que des choses ou des personnes considérées abstractivement comme des choses, ou comme des personnes, en répondant à des interrogations.

39. *L'un, l'une, les uns, les unes, l'autre, les autres*, se disent des personnes et des choses. — S'emploient comme sujets, comme régimes directs, comme régimes indirects. — Désignent, *l'un, l'une, les uns, les unes*, l'objet énoncé en premier lieu, *l'autre, les autres*, l'objet énoncé en dernier lieu.

XXII. *Pronoms indéfinis.*

DÉFINITION. *Désignent des personnes ou des choses en général, et non telles personnes ou telles choses précises et déterminées.*

Les pronoms indéfinis sont : 1° *on, quiconque, quelqu'un, chacun, autrui, personne, rien, l'un l'autre, l'un et l'autre*, qui n'accompagnent jamais de substantifs; 2° *tel, nul, aucun, pas un, autre, l'un et l'autre, même, plusieurs, tout*, qui font souvent les fonctions d'adjectifs pronominaux; 3° *qui que ce soit, quoi que ce soit, quoi que*, qui se construisent toujours avec *qui* ou *que*.

1. *On* est toujours sujet. — Toujours avec la 3e personne du singulier. — Exprime ordinairement la multitude, la pluralité, l'universalité, et quand il exprime l'unité de personne, c'est toujours avec l'intention d'y ajouter une sorte de vague et de généralité, aussi ne saurait-il dans ce sens s'appliquer respectueusement à Dieu. — Ne se dit absolument que des personnes.

2. Après *et, si, ou, où, que, qui*, mettez *l'on* plutôt que *on*. — A moins qu'il ne soit suivi de *le, la, les* — Ne mettez jamais *l'on* au commencement d'une phrase ou d'un alinéa.

3. *On* est inversif à peu près dans les mêmes circonstances que *il*, et prend le *t* euphonique de même.

4. *On*, habituellement masculin et singulier, se construit assez souvent avec un adjectif féminin, avec un nom pluriel, précédé ou non précédé de *des;* mais pour prendre un adjectif pluriel, il faut que le sens pluriel soit clair, et le demande positivement.

5. *On* se répète devant chacun des verbes dont il est sujet.

6. Ne mettez pas dans une même phrase deux *on* qui ne représentent pas le même sujet.

7. Ne dites pas *on a rien à faire*, pour *on n'a rien à faire;* ou plus généralement ne supprimez pas dans l'octographe après *on* la négation qui se confond pour l'oreille avec le *n* de *on* sonnant sur la voyelle initiale du verbe.

8. *Quiconque*, toujours singulier, est ordinairement masculin. — Construit avec un adjectif féminin, doit cesser d'être indéfini, il faut qu'un mot l'accompagne et le précise dans un sens féminin. — Est toujours sujet. — Ne se dit jamais que des personnes, signifie *quelque personne que ce soit qui*, etc. — Est nécessairement sujet de deux verbes, et ne souffre pas *il* devant le second.

9. *Quelqu'un* est absolu ou relatif.

10. *Quelqu'un* absolu est masculin singulier. — Fait les fonctions de sujet, de régime direct, de régime indirect. — Ne se dit que des personnes. — Se construit par *de* avec l'adjectif qui le suit; s'il y a une exception, elle n'est que pour le comparatif.

11. *Quelqu'un* relatif, c'est-à-dire déterminé par un substantif qui précède ou qui suit, prend les deux genres et les deux nombres. — Se dit des personnes et des choses — Se construit avec *en* ou *de*, après *en* et avant *de*. — S'emploie quelquefois sans *en* ni *de* après un nom exprimé dans un membre de phrase assez voisin pour qu'on sous-entende *en* ou *de* sans inconvénient dans celui où est *quelqu'un*.

12. *Chacun* est tantôt absolu et tantôt relatif.

13. *Chacun* absolu est masculin singulier. — Fait les fonctions de sujet, de régime direct ou de régime indirect. — Ne se dit que des personnes. — Signifie *toute personne*.

14. *Chacun* relatif, c'est-à-dire déterminé par un substantif qui le précède ou qui le suit, prend les deux formes de genres. — Se dit des personnes et des choses. — Se construit par *de* avec son substantif placé après lui. — A un sens distributif et veut le verbe qui le suit au singulier.

15. Dans quelles circonstances, après *chacun*, faut-il mettre *son* ou *leur?* —Ne mettez jamais *leur* quand *chacun* ne se rapporte pas à un pluriel exprimé dans la phrase. — Lorsqu'il y a dans la phrase un pluriel exprimé auquel se rapporte *chacun*, ou la proposition offre avant *chacun* un sens complet, et le distributif *chacun* arrive comme développement, alors mettez *son, sa, ses;* ou *chacun* est engagé dans le corps même de la proposition, alors le possessif retombe sur le nom ou pronom pluriel, et c'est *leur* qu'il faut employer.—Quelques phrases admettent les deux constructions, mais le sens se modifie selon qu'on emploie l'une ou l'autre.

16. *Un chacun* ne s'emploie que par allusion à une vieille locution.

17. *Tout chacun* est encore plus suranné.

18. *Autrui* ne se dit que des personnes. — N'a ni genre ni nombre.— Ne s'emploie qu'en régime indirect et avec les propositions *à* et *de.*

Prendre son cœur par autrui est une ellipse que son ancienneté seule a consacrée.

19. La relation possessive avec *autrui* ne nous semble régulière d'aucune façon; mais les grammairiens qui l'admettent, l'expriment par *en* quand elle est en régime direct, et par *son, sa, ses,* même par *leur, leurs,* seulement en régime indirect; sans doute par la difficulté de construire la phrase par le relatif *en*. *Pour être en droit de blâmer les défauts d'autrui, il faudrait en avoir au moins les vertus* ou *il faut savoir rendre hommage à ses vertus,* ou *à leurs vertus.*

20. *Autrui* ne se remplace pas indifféremment par *les autres,* qui ne s'entend pas aussi spécialement des personnes et dans le même sens indéfini.

21. *Les autres* à son tour ne se remplace pas par *autrui,* parce que son sens est déterminé par une relation exprimée ou sous-entendue.

22. *Personne* est substantif quand il est accompagné de l'article ou de tout autre déterminatif.

23. *Personne* pronom se construit avec le masculin et le singulier.—N'a jamais avec lui l'article ni aucun déterminatif. — S'emploie sans négation dans les phrases de doute, d'incertitude, ou qui forment interrogation, et alors il est affirmatif et signifie *quelqu'un*. — S'emploie avec négation partout ailleurs, et signifie *aucune personne*. — Ne se dit que des personnes.

24. *Rien* formé de *res* choses, signifie *la moindre chose*.

25. *Rien* substantif, c'est-à-dire accompagné de l'article ou de tout autre déterminatif, a le sens affirmatif. — Peut prendre les deux nombres.

26. *Rien* pronom, c'est-à-dire absolu, est affirmatif dans les phrases hypothétiques dubitatives, ou qui forment interrogation, il s'emploie alors sans négation.—est négatif partout ailleurs, et demande une négation. — Excepté dans *compter pour rien,* et dans les réponses aux interrogations.

27. *Rien* dans tous les cas est pour les choses ce qu'est *personne* pour les personnes.

28. *Rien* pronom suivi d'un adjectif, le veut au masculin singulier, et se construit avec lui par *de.*

29. *Il ne m'est de rien et il ne m'est rien; cela ne sert de rien,* ou *ne sert à rien* ont des sens différents.

30. *L'un l'autre, les uns les autres, l'une l'autre, les unes les autres* est réciproque.—Se dit des personnes et des choses. — S'emploie *l'un l'autre, l'une l'autre* pour deux personnes ou deux choses seulement, *les uns les autres, les unes les autres,* pour plus de deux personnes ou de deux choses. — *L'un, l'une, les uns les unes* font les fonctions de sujet, *l'autre les autres,* celles de régime direct quand ils sont sans préposition, et de régime indirect, ayant une préposition. — Avec un verbe simple intransitif, *l'autre* prend toujours une préposition; avec un verbe réciproque, ou *se* est régime direct et *l'autre* l'est aussi, ou *se* est régime indirect, et *l'autre* prend alors une préposition analogue à son rapport.— A tantôt un sens indéfini, tantôt un sens relatif.

31. *L'un l'autre, l'une l'autre, les uns les autres, les unes les autres* employés séparément, marquent différence entre les personnes et les choses. — Forment deux pronoms bien distincts, remplissant des fonctions quelquefois pareilles et souvent différentes. — Sont tantôt indéfinis et tantôt relatifs.

32. *Tel tels, telle telles* est pronom indéfini quand il est sans substantif, et qu'il signifie une personne quelconque. — Ne s'emploie qu'au singulier, et ne se dit que des personnes. — Se construit avec *qui* de deux manières, soit ayant *qui* immédiatement auprès de lui, soit *tel* au commencement d'un membre de phrases, *qui* au commencement de l'autre. — Est tantôt sujet, tantôt régime, soit direct soit indirect.

33. *Tel tels, telle telles* est adjectif quand il accompagne un nom.—Prend alors les deux genres et les deux nombres en suivant les règles d'accord. — Ne saurait remplacer *quelque* devant un adjectif. — Est encore adjectif exprimant une comparaison, et suit les règles d'accord.

34. *Tel,* est substantif dans *un tel, une telle.*

36. *Nul*, pronom, signifie *aucune personne*. — Est invariable et s'emploie avec le masculin et le singulier. — Déterminé par *de* et un mot pluriel suivant, peut prendre les deux genres, mais toujours avec le singulier; et est encore pronom dans cette construction.

37. *Nul*, *nulle*, adjectif, signifiant *aucun*, *aucune*, accompagne toujours un nom et le précède. — Ne s'emploie qu'au singulier.

38. *Nul*, ayant les deux genres et les deux nombres s'emploie après le nom, et signifie *qui n'est d'aucune valeur*, *d'aucune autorité*; ne se dit point des personnes.

39. *Aucun*, *aucune*, est pronom relatif après *en* relatif. — Est encore pronom devant *de* suivi d'un nom ou d'un pronom au pluriel. — Il est adjectif accompagnant un nom. — Dans tous les cas il doit avoir rapport à un nom, autrement il faudrait employer *personne*.

40. *Aucun*, *aucune*, pronom, peut s'employer affirmativement et sans négation dans les phrases dubitatives, hypothétiques ou interrogatives, et dans les réponses aux interrogations. Hors de là *aucun*, *aucune* est négatif et veut une négation.

41. *Qui*, *que*, *dont*, etc., après *aucun*, *aucune*, veulent le verbe suivant au subjonctif.

42. *Aucun*, *aucune;* adjectif rejeté après le nom, a vieilli.

43. *Aucun*, *aucune* est aujourd'hui sans pluriel.

44. *D'aucuns* s'est dit autrefois pour *quelques uns.*

45. *Pas un* suit les mêmes règles qu'*aucun* au pluriel près, qui n'existe pas.

46. *Un autre*, *une autre*, *d'autres* sans aucun rapport à un nom exprimé, est un véritable pronom. —S'emploie dans toutes les fonctions grammaticales.

47. *Autre* est encore pronom employé comme nous l'avons vu dans *l'un l'autre* réciproque.

48. *Tout autre*, *toute autre que*, signifiant *un autre*, *une autre quelconque*, est encore pronom quand il ne se rapporte pas à un nom précis et déterminé.

49. *Autre* se rapportant à un nom exprimé ou sous-entendu, est adjectif.

50. *Tout autre*, *toute autre* signifiant *un autre*, *une autre quelconque*, s'écrit comme ci-contre, et n'a point de pluriel; *tout autre* signifiant *tout différent de* a *tout autre* pour le masculin et le féminin singulier; *tout autres* pour le masculin et le féminin pluriel, parce que *tout* est adverbe devant un adj. m. pl. et devant un adj. fém. des deux nombres, quand cet adjectif commence par une voyelle ou une *h* muette.

51. Ecrivez : *en voici bien d'une autre*, et non : *en voici bien d'un autre.*

52. *L'un et l'autre*, etc., est collectif et non pas réciproque.—Il est pronom ne se rapportant à aucun substantif; adjectif quand il se rapporte à un nom.

53. *L'un et l'autre*, se rapportant à un nom qui le suit, veut ce nom au singulier ainsi que le verbe si le nom est sujet.

54. *L'un et l'autre* sujet du verbe et placé avant lui, admet le singulier, si par la pensée on attribue individuellement le verbe à chacun des deux objets, et le pluriel, si on l'attribue collectivement aux deux Mais se rapportant à un sujet pluriel exprimé avant le verbe, il n'influe pas sur le verbe qui se met au pluriel.

55. Quand *l'un et l'autre* est régime indirect, la préposition exprimée devant *l'un* se répète devant *l'autre.*

56. *L'un et l'autre* régime direct doit être précédé de *les* relatif aussi régime direct.

57. *A l'un et à l'autre* régime indirect doit être précédé de *leur* relatif, aussi régime indirect.

58. *Ni l'un ni l'autre* suit à peu près les mêmes règles que *l'un et l'autre*.—Se construit exclusivement avec le singulier du verbe qu'il précède, mais n'influe point sur le verbe placé avant lui.

59. On ne peut remplacer *l'un et l'autre* par *l'un l'autre* quand la phrase n'exprime que conformité; ni *l'un l'autre* par *l'un et l'autre* quand elle exprime réciprocité.

60. *Plusieurs* ne se rapportant à aucun substantif déterminé, est pronom, n'a que le masculin pluriel, ne s'emploie bien que comme sujet ou comme régime direct précédé de *en*, et ne se dit que des personnes.

61. *Plusieurs* modifiant un nom ou un pronom, est adjectif, se dit des personnes et des choses, appartient aux deux genres sans changer de terminaison, et précède toujours le substantif qui le détermine.

62. *Tout* signifiant *toutes choses* est pronom, se construit avec le singulier et le masculin.— Ne se dit que des choses; ou s'il se dit des personnes, les fait considérer par abstraction comme des choses. — remplit toutes les fonctions grammaticales. — N'accompagne jamais un nom, et n'est jamais accompagné d'un article.

4

63. *Tout*, accompagné de l'article ou d'un équivalent de l'article, signifie totalité, ensemble, système complet, et est substantif.

64. *Tout*, *tous*, *toute*, *toutes*, est adjectif, accompagne les noms et signifie *tout entier*, ou seulement au pluriel l'universalité dans le sens collectif.

65. *Tout* signifiant *un quelconque* est adjectif pronominal. —Précède immédiatement un nom.—Ne s'emploie qu'au singulier.

66. *Tout* signifiant *entièrement* ou *quelque* devant un adjectif, est adverbe et invariable, à moins qu'il ne soit devant un adjectif féminin commençant par une consonne ou une *h* aspirée.

67. *Tout autre* s. ou *toute autre* s. voyez *autre*.

68. Ecrivez : *c'est une toute autre affaire*, et *c'est tout une autre affaire*.

69. *Tout* est adjectif et variable devant *tant que*.

70. *Tout* est adverbe et invariable dans *tout en* et un gérondif ou un nom.

71. *Tout* est adverbe devant un substantif employé sans article ni autre déterminatif, pour exprimer une qualité ou une disposition dominante.

72. *Tout* est invariable devant les noms de ville et variable devant les noms de provinces, de royaume et de contrée.

73. *Tout* signifiant *chaque* dans *en tout lieu*, *de toute sorte*, etc., est mieux au singulier qu'au pluriel. —La poésie a le choix.

74. *Tout* se répète nécessairement devant chacun des substantifs qu'il modifie.

75. *Qui que ce soit* se dit seulement au masculin et au singulier.—S'emploie dans toutes les fonctions grammaticales. — Mis sans négation, est affirmatif et signifie une personne quelconque. — Mis avec négation, est négatif et signifie aucune personne.

76. *Quoique ce soit*, a pour les choses le même emploi que *qui que ce soit* pour les personnes.

77. *Quoi que*, s'écrit en deux mots, est invariable, et signifie *quelque chose que*.—Admet toutes les fonctions grammaticales.

Adjectifs pronominaux indéfinis.

Les adjectifs pronominaux indéfinis sont: *chaque*, *quelconque*, *même*, *quel*, *quelque*.

1. *Chaque* marque distribution entre des individus ou des choses. —Il est invariable, répond aux deux genres sans changer de terminaison, et ne s'emploie qu'au singulier.—Il précède toujours un substantif qu'il modifie.—Il ne saurait remplacer *chacun*.

2. *Quelconque* est invariable en général, accompagne et suit toujours immédiatement un substantif. — Mis sans négation signifie *quel qu'il soit*, *quelle qu'elle soit*, et alors il a un pluriel. — Mis avec négation signifie *nul*, *aucun*, sert aux deux genres et n'a pas de pluriel.

3. *Même* est adjectif, 1.º Quand il précède un substantif, et qu'il signifie identité ou similitude. 2.º Quand il suit l'un des pronoms personnels, *moi*, *toi*, *soi*, *lui*. 3.º Après un substantif sujet ou régime de verbe.

4. *Même* est adverbe et invariable, 1.º Quand il modifie un verbe. 2.º Après plusieurs substantifs sujets ou régimes du verbe. — Ecrivez : *nous même*, *vous même* sans *s* en parlant d'une seule personne. — A l'égard de la différence entre *même* adjectif et déclinable, et *même* adverbe et indéclinable, la prose ne doit imiter aucune des licences de la poésie qui elle-même doit restreindre les siennes.

5. *Le même*, *la même*, *les mêmes*, s'emploie en quelque sorte comme pronom, mais l'ellipse nous paraît trop sensible pour ne pas ranger ce mot dans les adjectifs pronominaux.

6. *Quel*, *quels*, *quelle*, *quelles*, doit avoir toujours après lui un substantif qu'il modifie, et avec lequel il s'accorde. — Marque admiration, interrogation.

7. *Quelque*, *quelques* sert pour les deux genres.

8. *Quel que* et *quelque que* ne s'emploient pas indifféremment.—Si le mot qui suit est un substantif seul ou un substantif accompagné de son adjectif placé avant lui. *Quelque* est adjectif et déclinable. — Si le mot qui suit est un adjectif seul, et éloigné de son substantif par un verbe ou si c'est un adverbe. *Quelque* signifie *combien*, est adverbe et indéclinable. — Si le mot qui suit est un verbe on emploie *quelque* en deux mots, le premier déclinable et suivant les règles d'accord.

9. *Quel que* et *tel que* ne s'emploient pas indifféremment l'un pour l'autre.—*Tel que* marque comparaison, manière d'être, et régit l'indicatif, parce que son sens est essentiellement affirmatif. —

10. *Quelque* marque hypothèse et doute; il régit le subjonctif.

XXIV. *Régle générale sur les pronoms.*

Le pronom ne peut se rapporter à un nom pris dans un sens indéterminé et construit sans article et sans équivalent de l'article.

DU VERBE.

Si nous concevons *la proposition* l'expression d'un jugement qui établit la convenance ou la non convenance d'un sujet avec un attribut, on aura trois élémens principaux pour la proposition — *le sujet* ou l'être matériel ou intellectuel avec lequel on compare un attribut quelconque. — *L'attribut* ou la modification que l'on rapproche du sujet pour reconnaître leur convenance ou leur non convenance. — *Le verbe* ou le mot qui affirme ou nie cette convenance.

Les élémens de la proposition sont ou simples ou composés. — *Le verbe simple* n'est proprement que *est* sans modification de temps, de mode, de nombre ou de personnes; nous étendrons l'idée du *verbe simple ou verbe être* dans toute sa conjugaison, mais seulement dans le sens où il appelle un attribut après lui. — *Les verbes composés* sont tous ceux qui renferment en eux *le verbe* et *l'attribut.*

Définition du verbe : mot de la proposition qui exprime le jugement de convenance ou de non convenance entre le sujet et l'attribut; *simple* quand il n'exprime que ce jugement; *composé* quand il renferme en même temps l'attribut.

Des modifications du Verbe.

Les modifications des verbes sont *les nombres, les personnes, les temps, les modes, les voix.*

Les nombres sont le *singulier* quand le verbe se dit d'un sujet *singulier ;* le *pluriel* quand le verbe se dit d'un sujet *pluriel.*

Les personnes sont une classification grammaticale des sujets que le verbe peut avoir ; et une modification du verbe qui y désigne ce rapport ; ainsi le verbe est de *première personne* quand le sujet est *je* pour le *singulier,* nous pour le *pluriel.* — De *deuxième personne* quand le sujet est *tu* pour le *singulier, vous* pour le *pluriel.* — De *troisième personne* quand le sujet est pour le *singulier, il , elle,* ou un nom singulier ; pour le *pluriel , ils , elles,* ou un nom pluriel.

Les temps sont des modifications du verbe qui expriment son rapport avec l'époque à laquelle il appartient.—On distingue huit temps ou rapports de temps, savoir: 1° Le *présent* quand la chose affirmée est actuelle au moment de l'affirmation) 2.° *l'imparfait* quand la chose affirmée était actuelle au moment d'une autre chose antérieure à l'affirmation ; 3.° *le préterit défini,* quand la chose affirmée antérieure à l'affirmation est comprise dans un temps déjà conclu et terminé; 4.° *le prétérit indéfini,* quand la chose affirmée antérieure à l'affirmation, est comprise dans un temps qui dure encore au moment où l'on affirme ; 5.°, 6.° le *troisième prétérit* et le *quatrième prétérit,* ou *prétérit antérieur,* l'un nuance du prétérit défini, et l'autre du plus-que-parfait, sont toujours suivis d'un prétérit défini, qui en détermine en quelque sorte l'époque en la reculant; 7.° *le plus-que-parfait,* quand la chose affirmée avait déjà eu lieu au moment, ou a eu lieu une autre chose antérieure à l'affirmation ; 8.° *le futur simple* quand la chose affirmée est postérieure à l'affirmation ; 9.° *le futur antérieur,* quand la chose affirmée postérieure à l'affirmation aura eu lieu au moment où arrivera une autre chose.

Les modes sont des modifications que reçoit le verbe selon qu'il renferme l'intention d'affirmer simplement ou avec le désir du commandement, ou avec souhait, désir, volonté, ou conditionnellement, ou abstraction faite de toutes les modifications ou sous la forme d'une qualification. Dans ces différens cas le verbe s'appelle *indicatif, impératif, subjonctif, conditionnel , infinitif* ou *participé.*

Les modes sont deux formes différentes que peuvent prendre les verbes transitifs selon que le sujet agit par l'attribut sur un déterminatif exprimé ou sous-entendu qu'on nomme régime, ou que le sujet reçoit de ce même régime l'effet exprimé dans l'attribut. Dans le premier cas le sujet agit, c'est la forme active. Dans le second le sujet est passif, c'est la forme passive.

Quelques définitions préliminaires.

Distinguons tous les verbes en deux sortes : le verbe simple ou verbe substantif *être,* le verbe composé ou le verbe adjectif; ce sont tous les autres verbes.

On subdivise les verbes adjectifs en *verbes transitifs,* c'est-à-dire, pouvant passer de l'actif au passif, le sujet pouvant agir par l'attribut ou subir l'effet de l'attribut, et *verbes intransitifs ou verbes*

(28)

neutres, c'est-à-dire, n'appartenant à aucun de ces deux états, et ne pouvant passer par conséquent de l'un à l'autre. — Plusieurs de ces verbes deviennent *pronominaux*, ou verbes à deux pronoms combinés et correspondants, comme *je, me, tu, te, nous, vous*, etc, l'un sujet et l'autre régime; *pronominaux réfléchis*, quand le sujet agit sur lui-même par l'attribut; *pronominaux réciproques*, quand plusieurs sujets, quand les individus d'un sujet pluriel agissent réciproquement les uns sur les autres par l'attribut. — Plusieurs deviennent *impersonnels*, c'est-à-dire, sans sujet fixe d'aucune personne, et prenant la troisième personne du singulier à défaut d'une forme qui n'appartienne à aucune.

Il y a en outre deux verbes *auxiliaires*, c'est-à-dire, qui aident à conjuguer les verbes à certains temps des différens modes, c'est: *être* et *avoir*. On les a choisis avec l'intention spéciale d'indiquer la nature de l'actif et du passif.

Pour reconnaître le sujet, on indique comme moyen mécanique de faire la question *qui est-ce qui*, et de prendre pour sujet le mot de la réponse. — *Pour reconnaître le régime direct*, on indique la question *qu'est-ce que*, et le mot de la réponse est le régime cherché. — *Pour connaître le régime indirect*, on indique les questions *à qui, à quoi, de qui, de quoi*, etc., et les réponses sont le régime demandé. Le moyen rationnel sera de chercher de qui se dit le verbe.

XXV. *Diverses propriétés des Verbes.*

1. *Forment leurs temps composés avec l'auxiliaire* avoir : 1.º Les verbes transitifs à l'actif; 2.º Les verbes intransitifs exprimant action du sujet; 3.º Le verbe substantif *être*, même employé comme auxiliaire. — *Forment leurs temps composés avec l'auxiliaire* être : 1.º Les verbes transitifs au passif; 2.º Les verbes intransitifs exprimant état, modification, manière d'être du sujet; 3.º Les verbes pronominaux tant réfléchis que réciproques. — *Forment leurs temps composés tantôt avec* être, *tantôt avec* avoir : certains verbes intransitifs susceptibles d'exprimer tantôt un état, tantôt une action du sujet.

2. *Les verbes sont absolus* quand ils sont employés sans régime ni complément qui les modifie.—Les verbes sont modifiés quand ils reçoivent des complémens ou des régimes.

3. On appelle *verbes pronominaux essentiels* ceux qui n'existent absolument ou qui n'existent dans ce sens que conjugués sous cette forme. — On appelle *verbes pronominaux accidentels* ceux qui existent réellement et dans le sens indiqué, comme transitifs et intransifs simples, et comme pronominaux. — On fait la même différence entre les pronominaux essentiels et les pronominaux accidentels.

XXVI. *Conjugaison des Verbes.*

DÉFINITION. *Système complet des modifications que reçoivent les verbes pour exprimer les différences de temps, de modes, de nombres, de personnes.*

Les temps s'engendrent dans l'ordre qui suit : *le présent infinitif* forme le futur indicatif et le présent conditionnel. — *Le présent participe* forme l'imparfait indicatif, le présent subjonctif, la première et la deuxième personne du pluriel du présent indicatif, les mêmes personnes au présent impératif.

Le présent indicatif forme le présent impératif en supprimant *je*.—*Le prétérit défini* forme l'imparfait subjonctif.—*Le prétérit participe*, que l'on a rangé parmi les temps primitifs, n'engendre aucun temps dérivé, mais il entre dans tous les temps composés.

XXVII. *Mode de dérivation des temps dans les quatre conjugaisons.*

N. B. Les temps écrits en italique sont primitifs.

		PRÉSENT INFINITIF.	FUTUR INDICATIF.	PRÉSENT CONDITIONNEL.	PRÉSENT PARTICIPE.	1re ET 2e PERS. IND. PR. ET IMP.	IMPARFAIT INDICATIF.	PRÉSENT SUBJONCTIF.	PR. PART., d'où les t. comp.	PR. IND., d'où le prés. imp.	PRÉTÉRIT DÉFINI.	IMPARFAIT SUBJONCTIF.
1re CONJ.	1	*er*	erai	erois	*ant*	ons, ez	ois	e	*à*	*e*	*ai*	aisse
2e CONJ.	2	*ir*	irai	irois	*issant*	issons, issez.	issois	isse	*i*	*us*	*is*	isse
	3	*rir*	rirai	rirois	*rant*	irons, irez	rois	re	*ert*	*re*	*ris*	risse
	4	*tir*	tirai	tirois	*tant*	tons, tez	tois	te	*ti*	*s*	*tis*	tisse
	5	*enir*	iendrai	iendrois	*enant*	enons, enez	enois	ienne	*enu*	*iens*	*ins*	insse
3e CONJ.	6	*evoir*	evrai	evrois	*evant*	evons, evez	evois	oive	*u*	*ois*	*us*	usse
4e CONJ.	7	*idre*	drai	drois	*dant*	dons, dez	dois	de	*du*	*ds*	*d is*	disse
	8	*aire*	airai	eirois	*aisant*	aisons, aisez	aisois	aise	*u*	*ais*	*us*	usse
	9	*uire*	uirai	uirois	*uisant*	uisons, uisez	uisois	uise	*uit*	*uis*	*uisis*	uisisse
	10	*indre*	indrai	indrois	*ignant*	ignons, ignez	ignois	igne	*int*	*ins*	*ignis*	ignisse
	11	*oître*	oîtrai	oîtrois	*oissant*	oissons, oissez	oissois	oisse	*u*	*ois*	*us*	usse

La troisième personne du singulier du présent de l'indicatif n'est autre chose que la même personne au présent subjonctif.

XXVIII. *Formes des temps conjugués dans leur entier.*

N. B. Les chiffres de renvoi indiquent les variétés auxquelles chaque forme appartient.

PRÉSENT INDICATIF.

1	e	es	e	ons	ez	ent
2	e	is	it	issons	issez	issent
3	is	es	e	ons	ez	ent
4	s	s	t	tons	tez	tent
5	iens	iens	iens	enons	enez	iennent
6	ois	ois	oit	evons	evez	oivent
7	ds	ds	d	dons	dez	dent
8	ais	ais	ait	aisons	aisez	aisent
9	uis	uis	uit	uisons	uisez	uisent
10	ins	ins	int	ignons	ignez	ignent
11	ois	ois	oit	oissons	oissez	oissent

PRÉSENT IMPÉRATIF.

1	e	e	ons	ez	ent
2	is	isse	issons	issez	issent
3	e	e	ons	ez	ent
4	s	te	tons	tez	tent
5	iens	ienne	enons	enez	iennent
6	ois	oive	evons	evez	oivent
7	ds	de	dons	dez	dent
8	ais	aise	aisons	aisez	aisent
9	uis	uise	uisons	uisez	uisent
10	ins	igne	ignons	ignez	ignent
11	ois	oisse	oissons	oissez	oissent

PRÉSENT SUBJONCTIF.

1	e	es	e	ions	iez	ent
2	isse	isses	isse	issions	issiez	issent
3	e	es	e	ions	iez	ent
4	te	tes	te	tions	tiez	tent
5	ienne	iennes	ienne	ienions	ieniez	iennent
6	oive	oives	oive	enions	eviez	oivent
7	de	des	de	dions	diez	dent
8	aise	aises	aise	aisions	aisiez	aisent
9	uise	uises	uise	uisions	uisiez	uisent
10	igne	ignes	igne	ignions	igniez	ignent
11	oisse	oisses	oisse	oissions	oissiez	oissent

PRÉSENT CONDITIONNEL. } rois, roit, rions, riez, roient.

1	erois
2	irois
3	irois
4	tirois
5	iendrois
6	rois
7	drois
8	airois
9	uirois
10	indrois
11	oîtrois

PRÉSENT INFINITIF.

1	er
2	ir
3	ir
4	tir
5	enir
6	evoir
7	dre
8	aire
9	uire
10	indre
11	oître

PRÉSENT PARTICIPE.

1	ant
2	issant
3	ant
4	tant
5	enant
6	evant
7	dant
8	aisant
9	uisant
10	ignant
11	oissant

IMPARFAIT INDICATIF. } ois, oit, ions, iez, oient

1	ois
2	issois
3	rois
4	tois
5	enois
6	evois
7	dois
8	aisois
9	uisois
10	ignois
11	oissois

IMPARFAIT SUBJONCTIF. } usses, ssiez, ssent

1	asse	ât	assions
2	isse	ît	issions
3	risse	rît	rissions
4	tisse	tît	tissions
5	insse	înt	inssions
6	usse	ût	ussions
7	disse	dît	dissions
8	usse	ût	ussions
9	uisisse	uisît	uississions
10	ignisse	ignît	ignissions
11	usse	ût	ussions

PRÉTÉRIT DÉF. INDICATIF.

1	ai	as	a	âmes
2	is	is	it	îmes
3	ris	ris	rit	rîmes
4	tis	tis	tit	tîmes
5	ins	ins	int	înmes
6	us	us	ut	ûmes
7	dis	dis	dit	dîmes
8	us	us	ut	ûmes
9	uisis	uisis	uisit	uisîmes
10	ignis	ignis	ignit	ignîmes
11	us	us	ut	ûmes

1	âtes	èrent
2	îtes	irent
3	rîtes	rirent
4	tîtes	tirent
5	întes	inrent
6	ûtes	urent
7	dîtes	dirent
8	ûtes	urent
9	uisîtes	uisirent
10	ignîtes	ignirent
11	ûtes	urent

PRÉTÉRIT PARTIC. INVAR.

1	é
2	i
3	ert
4	ti
5	enu
6	u
7	du
8	u
9	uit
10	int
11	u

FUTUR INDICATIF. } ras, ra, rons, rez, ront.

1	erai
2	irai
3	rirai
4	tirai
5	iendrai
6	evrai
7	drai
8	airai
9	uirai
10	indrai
11	oitrai

Le présent subjonctif fait entrer volontiers dans sa terminaison quelque caractère du présent indicatif. *Ienne* en est formé tout entier en ajoutant *e* et forçant l'articulation finale. *Oive* doit *ve* au présent participe, et *oi* au présent indicatif ; et dans les autres on reconnaîtra facilement l'application de ce principe.

Nous établirons qu'il en est du *prétérit participe* comme du *présent participe*, c'est-à-dire qu'il est invariable signifiant action du nom auquel il se rapporte, et variable, signifiant état et modification subie par ce même nom, que toutes les circonstances grammaticales où il est indiqué comme variable reviennent à ce principe, et que dans toutes il passe à l'état neutre ou à l'état passif.

La grammaire ne reconnaît que quatre conjugaisons, premières, savoir, celles des verbes en *er*, en *ir*, en *oir*, en *re*, dont les autres sont les variétés.—Les verbes appartiennent à telle ou telle de ces conjugaisons selon la terminaison de leur présent infinitif.—On appelle *verbes réguliers* ceux qui suivent exactement ces formes dans la dérivation de leurs temps, et *verbes irréguliers* ceux qui s'en écartent.—On appelle *verbes défectifs* ceux auxquels il manque quelques temps ou quelques personnes.

XXIX. *Verbes réguliers ayant des particularités importantes que nous détaillerons ci-après.*

Savoir : verbes en *ger*, en *éer*, en *cer*, en *uer*, en *eler, ecer, eter, ever, ener.*
Verbes ayant leur participe en *yant.* Verbes en *ier.*

XXX. *Verbes irréguliers et défectifs dont nous indiquerons à part la conjugaison.*

1re CONJUGAISON. Aller, envoyer, renvoyer, importer, résulter, neiger.

2e. CONJUGAISON. S'abstenir, accourir, accueillir, acquérir, assaillir, bénir, bouillir, courir, cueillir, dormir, faillir, férir, fleurir, fuir, gésir, haïr, issir, mentir, mourir, ouïr, ouvrir, partir, guérir, répartir, ressortir, saillir, sentir, servir, sortir, surgir, tenir, venir, vêtir, et leurs analogues.

3me. CONJUGAISON. Avoir, apparoir, asseoir, choir, comparoir, déchoir, échoir, falloir, mouvoir, pleuvoir, pourvoir, pouvoir, prévaloir, promouvoir, ravoir, savoir, seoir, surseoir, valoir, voir, vouloir et leurs analogues.

4e. CONJUGAISON. Absoudre, abstraire, accroire, attraire, battre, boire, braire, bruire, circoncire, clore, conclure, confire, contredire, coudre, croire, croître, dire, dissoudre, éclore, écrire, exclure, faire, frire, lire, luire, mettre, moudre, naître, nuire, oindre, paître, paraître, peindre, prédire, prendre, résoudre, rire, sourdre, suffire, suivre, taire, tistre, traire, vaincre, vivre et leurs analogues.

Tout verbe revient, ou à l'un de ces verbes irréguliers, et alors on le consultera, ou à l'une des onze formes que nous avons données, et l'élève se reportera tant à cette forme même pour avoir les temps primitifs, qu'aux temps conjugués que nous avons donnés à la suite.

XXXI. *Forme complète d'une conjugaison active.*

INDICATIF :
Présent : J'aime, tu aimes, il aime, nous aimons, vous aimez, ils aiment.
Imparfait : J'aimois, tu aimois, il aimoit, nous aimions, vous aimiez, il aimoient.
Prétérit défini : J'aimai, tu aimas, il aima, nous aimâmes, vous aimâtes, ils aimèrent.
Prétérit indéfini : J'ai aimé, tu as aimé, il a aimé, nous avons aimé, vous avez aimé, ils ont aimé.
1er *Prétérit antérieur :* J'eus aimé, tu eus aimé, il eût aimé, nous eûmes aimé, vous eûtes aimé, ils eurent aimé.
2e. *Prétérit antérieur :* J'ai eu aimé, tu as eu aimé, il a eu aimé, nous avons eu aimé, vous avez eu aimé, ils ont eu aimé.
Futur simple : J'aimerai, tu aimeras, il aimera, nous aimerons, vous aimerez, ils aimeront.
Futur composé : J'aurai aimé, tu auras aimé, il aura aimé, nous aurons aimé, vous aurez aimé, ils auront aimé.
Plusqueparfait : J'avois aimé, tu avois aimé, il avoit aimé, nous avions aimé, vous aviez aimé, ils avaient aimé.

IMPÉRATIF :
(Temps unique). Aime, qu'il aime, aimons, aimez, qu'ils aiment.

SUBJONCTIF.
Présent. Que j'aime, que tu aimes, qu'il aime, que nous aimions, que vous aimiez, qu'ils aiment.
Imparfait : Que j'aimasse, que tu aimasses, qu'il aimât, que nous aimassions, que vous aimassiez, qu'ils aimassent.
Parfait : Que j'aie aimé, que tu aies aimé, qu'il ait aimé, que nous ayons aimé, que vous ayez aimé, qu'ils aient aimé.
Plusqueparfait : Que j'eusse aimé, que tu eusses aimé, qu'il eût aimé, que nous eussions aimé, que vous eussiez aimé, qu'ils eussent aimé.

Conditionnel :
Présent : J'aimerois, tu aimerois, il aimeroit, nous aimerions, vous aimeriez, ils aimeroient.
Passé : J'aurois aimé, tu aurois aimé, il auroit aimé, nous aurions aimé, vous auriez aimé, ils auroient aimé.
Ou j'eusse aimé, tu eusses aimé, il eût aimé, nous eussions aimé, vous eussiez aimé, ils eussent aimé.

Infinitif :
Présent : Aimer.
Passé : Avoir aimé. (Ce seroit *aimé*, si ce mot s'employoit seul.)
Futur simple : Devoir aimer. *Futur composé :* avoir dû aimer.

Participe :
Présent : Aimant.
Passé : Ayant aimé.

XXXII. *Valeur de quelques temps de l'infinitif et du participe.*

Aimer c'est l'*action d'aimer* actuellement ou en général, prise en elle-même, abstraction faite de tout sujet.

Aimé (invariable) c'est cette même action en tant qu'elle est faite et achevée ; mot vague, espèce de passé infinitif tellement indéterminé qu'il a toujours besoin d'un auxiliaire qui l'accompagne et qui l'aide à former un sens. Cet auxiliaire est toujours *avoir*. Dans *avoir aimé*, *j'ai aimé*, etc. c'est *aimé* qui contient l'idée de l'acte fait, *avoir* exprime l'affirmation, l'ensemble signifie : j'ai, je tiens, je possède d'avoir aimé. C'est l'*acte d'aimer* qui est fait, et c'est à moi qu'il appartient, c'est moi qui l'ai. Du reste ce *mot est* si bien verbe, qu'il en conserve toute la force, gouverne directement des régimes si le verbe est actif ; tandis que son analogue déclinable n'est qu'adjectif, subit les lois d'accord, et laisse la force de régir à l'auxiliaire qui l'accompagne.

Aimé. (déclinable) C'est la modification *qui est aimé* attribuée à l'objet auquel on fait rapporter ce mot, véritable adjectif de sens passif ou neutre, se modifiant grammaticalement d'après l'objet qu'il modifie par le sens ; tantôt employé seul comme simple adjectif, tantôt combiné avec l'auxiliaire *être* ou avec l'auxiliaire *avoir*, pour former des verbes passifs avec l'un, ou des verbes actifs avec l'autre, ou des verbes neutres avec tous les deux, se rapportant dans le premier cas et dans le dernier au sujet du verbe placé ordinairement avant lui, dans le second cas au régime direct du verbe toujours placé avant lui. Il n'est même plus permis à ce régime de se placer comme il l'a pu autrefois entre l'auxiliaire et le participe.

Aimant (en *aimant*), c'est le signe de l'infinitif plus une idée de coïncidence entre cette action et une autre.

Aimant (invariable), c'est l'action d'aimer attribuée à un sujet comme modification instantanée de ce sujet, ne lui appartenant que pour le moment de l'action, et pour cela ne prenant aucun des signes de qualification habituelle, je veux dire ni genre ni nombre.

Aimant, déclinable, c'est la modification précédente considérée comme habituelle, comme inhérente à l'objet qu'elle modifie, véritable adjectif, et prenant toutes les formes de ce mot, et comme tel admettant des régimes.

XXXIII *Conjugaison d'un verbe pronominal.*

Indicatif.
Présent. Je me promène, tu te promènes, il se promène, nous nous promenons, vous vous promenez, ils se promènent.
Ainsi seront les temps simples de l'indicatif.
Prétérit indéfini. Je me suis promené, tu t'es promené, il s'est promené, nous nous sommes promenés, vous vous êtes promenés, ils se sont promenés.
Ainsi seront les temps composés à l'indicatif.

Impératif (temps unique). Promène-toi, qu'il se promène, promenons-nous, promenez-vous, qu'ils se promènent.

Subjonctif.
Présent. Que je me promène, que tu te promènes, qu'il se promène, que nous nous promenions, que vous vous promeniez, qu'ils se promènent.
Ainsi seront les temps simples au subjonctif.

Parfait. Que je me sois promené, que tu te sois promené, qu'il se soit promené, que nous nous soyons promenés, que vous vous soyez promenés, qu'ils se soient promenés.
Ainsi seront les temps composés au subjonctif.

Conditionnel.
Présent. Je me promènerois, tu te promènerois, il se promèneroit, nous nous promènerions, vous vous promèneriez, ils se promèneraient.
Ainsi seront les temps simples au conditionnel.
Passé. Je me serois promené, tu te serois promené, il se seroit promené, nous nous serions promenés, vous vous seriez promenés, ils se seraient promenés.
Ainsi seront les temps composés au conditionnel.

Infinitif. Se promener, s'être promené, devoir se promener, avoir dû se promener.
Participe. Se promenant, s'étant promené, devant se promener, ayant dû se promener.

XXXIV. *Conjugaison d'un Verbe avec négation.*

La négation étant de deux mots : *ne pas* ou *ne jamais*, si le temps est simple, il est entre les deux négations placées immédiatement auprès de lui ; s'il est composé, c'est l'auxiliaire qui a les deux négations près de lui.—Le présent infinitif a les deux négations devant lui.—Le verbe ne peut être négatif à l'impératif.

XXXV. *Conjugaison d'un Verbe avec interrogation.*

Les Verbes n'ont de forme interrogative qu'à l'indicatif et au conditionnel.—La forme propre à la conjugaison interrogative, c'est la transposition du pronom sujet après le verbe. — Cette loi est applicable aux verbes pronominaux.—La première conjugaison seule subit par euphonie quelques changemens à la terminaison ; c'est celle-là que nous prendrons pour modèle.

Présent. Trouvé-je ? trouves-tu ? trouve-t-il ? trouvons-nous ? trouvez-vous ? trouvent-ils ? — Le reste se transpose de la même manière, seulement *il trouva, il trouvera*, font pour l'euphonie *trouva-t-il ? trouvera-t-il ?*

XXXVI. *Conjugaison d'un Verbe avec interrogation et négation combinées.*

Présent. Ne trouvé-je pas ? ne trouves-tu pas ? ne trouve-t-il pas, etc.
Prétérit défini. N'ai-je pas trouvé ? n'as-tu pas trouvé ? n'a-t-il pas trouvé ? etc.—Le reste se forme de la même manière, soit pour les temps simples, soit pour les temps composés.

XXXVII. *Conjugaison d'un Verbe transitif au passif.*

Indicatif.
Présent. Je suis aimé, tu es aimé, il est aimé, nous sommes aimés, vous êtes aimés, ils sont aimés.
Imparfait. J'étois aimé, tu étois aimé, il étoit aimé, nous étions aimés, vous étiez aimés, ils étoient aimés.
Prétérit défini. Je fus aimé, tu fus aimé, il fut aimé, nous fûmes aimés, vous fûtes aimés, ils furent aimés.
Prétérit indéfini. J'ai été aimé, tu as été aimé, il a été aimé, nous avons été aimés, vous avez été aimés, ils ont été aimés.
Prétérit antérieur. J'eus été aimé, tu eus été aimé, il eût été aimé, nous eûmes été aimés, vous eûtes été aimés, ils eurent été aimés.
Plus-que-parfait. J'avois été aimé, tu avois été aimé, il avait été aimé, nous avions été aimés, vous aviez été aimés, ils avoient été aimés.

Impératif (temps unique). Sois aimé, qu'il soit aimé, soyons aimés, soyez aimés, qu'ils soient aimés.

Subjonctif.
Présent. Que je sois aimé, que tu sois aimé, qu'il soit aimé, que nous soyons aimés, que vous soyez aimés, qu'ils soient aimés.
Imparfait. Que je fusse aimé, que tu fusses aimé, qu'il fût aimé, que nous fussions aimés, que vous fussiez aimés, qu'ils fussent aimés.

Prétérit. Que j'aie été aimé, que tu aies été aimé, qu'il ait été aimé, que nous ayons été aimés, que vous ayez été aimés, qu'ils aient été aimés.

Plus-que-parfait. Que j'eusse été aimé, que tu eusses été aimé, qu'il eût été aimé, que nous eussions été aimés, que vous eussiez été aimés, qu'ils eussent été aimés.

CONDITIONNEL.

Présent. Je serois aimé, tu serois aimé, il seroit aimé, nous serions aimés; vous seriez aimés, ils seroient aimés.

Passé. J'aurois été aimé, tu aurois été aimé, il auroit été aimé, nous aurions été aimés, vous auriez été aimés, ils auroient été aimés.

Ou J'eusse été aimé, tu eusses été aimé, il eût été aimé, nous eussions été aimés, vous eussiez été aimés, ils eussent été aimés.

INFINITIF. *présent*, être aimé; *parfait*, avoir été aimé; *futur*, devoir être aimé; *futur passé*, avoir dû être aimé.

PARTICIPE. *présent*, étant aimé; *parfait*, ayant été aimé; *futur*, devant être aimé; *futur passé*, ayant dû être aimé.

XXXVIII. *Conjugaison d'un verbe neutre avec l'auxiliaire* avoir.

Présent indicatif. Je languis, tu languis, il languit, nous languissons, vous languissez, ils languissent. — Ainsi de suite pour les temps simples.

Prétérit indéfini. J'ai langui, tu as langui, il a langui, nous avons langui, vous avez langui, ils ont langui. — Ainsi de suite pour les temps composés.

XXXIX. *Conjugaison d'un verbe neutre avec l'auxiliaire* être.

PRÉSENT. *Indicatif*, Je tombe, tu tombes, il tombe, nous tombons, vous tombez, ils tombent. — Ainsi de suite pour les temps simples.

Prétérit indéfini. Je suis tombé, tu es tombé, il est tombé, nous sommes tombés, vous êtes tombés, ils sont tombés. — Ainsi de suite pour les temps composés.

XL. *Conjugaison d'un verbe unipersonnel.*

INDICATIF. *Présent*, il neige; *imparfait*, il neigeoit; *prétérit défini*, il neigea; *prétérit indéfini*, il a neigé; *prétérit antérieur*, il eut neigé; *plus-que-parfait*, il avoit neigé; *futur*, il neigera; *futur passé*, il aura neigé.

SUBJONCTIF. *Présent*, qu'il neige; *imparfait*, qu'il neigeât; *parfait*, qu'il ait neigé; *plus-que-parfait*, qu'il eût neigé.

CONDITIONNEL. *Présent*, il neigeroit; *passé*, il auroit neigé, *ou* il eût neigé.

INFINITIF. *Présent*, neiger.

PARTICIPE. *Passé*, neigé.

XLI. *Conjugaison du verbe auxiliaire* avoir.

INDICATIF.

Présent. J'ai, tu as, il a, nous avons, vous avez, ils ont.

Imparfait. J'avois, tu avois, il avoit; nous avions, vous aviez, ils avoient.

Prétérit défini. J'eus, tu eus, il eut, nous eûmes, vous eûtes, ils eurent.

Prétérit indéfini. J'ai eu, tu as eu, il a eu, nous avons eu, vous avez eu, ils ont eu.

Prétérit antérieur. J'eus eu, tu eus eu, il eut eu, nous eûmes eu, vous eûtes eu, ils eurent eu.

Plus-que-parfait. J'avois eu, tu avois eu, il avoit eu, nous avions eu, vous aviez eu, ils avoient eu.

FUTUR. J'aurai, tu auras, il aura, nous aurons, vous aurez, ils auront.

FUTUR PASSÉ. J'aurai eu, tu auras eu, il aura eu, nous aurons eu, vous aurez eu, ils auront eu.

IMPÉRATIF. (*Temps unique*). Aie, qu'il ait, ayons, ayez, qu'ils aient.

Subjonctif.

Présent. Que j'aie, que tu aies, qu'il ait, que nous ayons, que vous ayez, qu'ils aient.

Imparfait. Que j'eusse, que tu eusses, qu'il eût, que nous eussions, que vous eussiez, qu'ils eussent.

Parfait. Que j'aie eu, que tu aies eu, qu'il ait eu, que nous ayons eu, que vous ayez eu, qu'ils aient eu.

Plus-que-parfait. Que j'eusse eu, que tu eusses eu, qu'il eût eu, que nous eussions eu, que vous eussiez eu, qu'ils eussent eu.

Conditionnel.

Présent. J'aurois, tu aurois, il auroit, nous aurions, vous auriez, ils auroient.

Passé. J'aurois eu, tu aurois eu, il auroit eu, nous aurions eu, vous auriez eu, ils auroient eu.

ou : J'eusse eu, tu eusses eu, il eût eu, nous eussions eu, vous eussiez eu, ils eussent eu.

Infinitif. *Présent,* avoir. *Parfait,* avoir eu.

Participe. *Présent.* Ayant. *Passé.* Ayant eu.

XLII. *Conjugaison du verbe auxiliaire* être.

Indicatif.

Présent. Je suis, tu es, il est, nous sommes, vous êtes, ils sont.

Imparfait. J'étois, tu étois, il étoit, nous étions, vous étiez, ils étoient.

Prétérit défini. Je fus, tu fus, il fut, nous fûmes, vous fûtes, ils furent.

Prétérit indéfini. J'ai été, tu as été, il a été, nous avons été, vous avez été, ils ont été.

Prétérit antérieur. J'eus été, tu eus été, il eut été, nous eussions été, vous eussiez été, ils eussent été.

Plus-que-parfait. J'avois été, tu avois été, il avoit été, nous avions été, vous aviez été, ils avoient été.

Futur. Je serai, tu seras, il sera, nous serons, vous serez, ils seront.

Futur passé. J'aurai été, tu auras été, il aura été, nous aurons été, vous aurez été, ils auront été.

Imperatif. (*Temps unique*). Sois, qu'il soit, soyons, soyez, qu'ils soient.

Subjonctif.

Présent. Que je sois, que tu sois, qu'il soit, que nous soyons, que vous soyez, qu'ils soient.

Imparfait. Que je fusse, que tu fusses, qu'il fût, que nous fussions, que vous fussiez qu'ils fussent.

Parfait. Que j'aie été, que tu aies été, qu'il ait été, que nous ayons été, que vous ayez été, qu'ils aient été.

Plus-que-parfait. Que j'eusse été, que tu eusses été, qu'il eût été, que nous eussions été, que vous eussiez été, qu'ils eussent été.

Conditionnel.

Présent ; je serois, tu serois, il seroit, nous serions, vous seriez, ils seroient.

Passé ; j'aurois été, tu aurois été, il auroit été, nous aurions été, vous auriez été, ils auroient été.

*Ou—*j'eusse été, tu eusses été, il eût été, nous eussions été, vous eussiez été, ils eussent été.

Infinitif : *présent,* être ; *parfait,* avoir été.

Participe : *présent,* étant ; *passé,* ayant été.

XLIII. *Emploi des verbes auxiliaires* avoir *et* être *devant les verbes neutres.*

Principe général : *avoir* sert à former les temps composés des verbes marquant action ; *être,* ceux des verbes marquant état ; donc les verbes neutres marquant action (et c'est de beaucoup le plus grand nombre) prennent pour auxiliaire *avoir.* — Tels sont *comparaître, courir* (*dégénérer* pour être correct avec *être,* sera envisagé comme adjectif absolu, et n'aura jamais de régime) *renoncer,*

Il faut pourtant excepter *aller* (à moins qu'il ne forme ses temps composés avec l'auxiliaire *été*), *arriver*, *chair*, *décéder*, *éclore*, *mourir*, *naître*, *tomber*, *venir* et les composés de *venir*, qui prennent l'auxiliaire *être*. — Cependant *convenir*, signifiant être sortable, *contrevenir*, suivant le plus grand nombre, et *subvenir*, toujours, prennent l'auxiliaire *avoir*.

Les verbes neutres susceptibles d'exprimer l'état ou l'action au gré de celui qui les emploie prennent pour auxiliaire *avoir* ou *être* suivant leur sens intentionnel. — Etudiez dans ce sens *disparoître*, *périr*, *échouer*, *cesser*, *demeurer*, *grandir*, *embellir*, *rajeunir*, *échapper*, *accourir*, *apparaître*, *croître*, *accroître*, *décroître*, *partir*, *rester*. — A l'égard de *monter*, *descendre*, *entrer*, *sortir*, *passer*, plusieurs ne leur accordent l'auxiliaire *avoir*, que devant un régime direct, nous nous rangeons à cet avis.

XLIV. *Particularités sur quelques verbes réguliers.*

1. Ceux en *ger* prennent *e* muet après *g* partout où il est suivi de *a* ou de *o*.

2. Ceux en *cer* prennent *ç* au lieu de *c* partout où il est suivi de *a* ou de *o*.

3. Ceux en *éer* écrivent soigneusement avec deux *e*, *éerai*, etc , *éerois*, etc., au futur indicatif et au présent conditionnel. — Ils prennent régulièrement *ée* au féminin du participe passé.—Ils emploient peu *éions ei z*, tant au parfait indicatif, qu'au présent subjonctif.

4. Ceux en *ier* prennent soigneusement *ierai*, etc., au futur indicatif, et *ierois*, etc. au présent conditionnel.— Ils emploient peu *iions*, *iiez*, tant à l'imparfait indicatif qu'au présent subjonctif. — Ils admettent par contraction *irai*, etc., *irois*, etc., pour *ierai*, *ierois* en poésie.

5. Ceux en *uoer*, *uer*, font soigneusement avec *e* muet *ouerai uerai*, etc., *ouerois*, *uerois*, etc., au futur indicatif et au présent conditionnel.—Ils admettent en poésie *oûrai*, *oûrois*, *ûrai*, *ûrois*, etc., par contraction pour *ouerai*, *ouerois*, *uerai*, *uerois*. — Ceux en *uer* écrivent avec *i uïons uïez*, tant à l'imparfait indicatif, qu'au présent subjonctif.

6. *Arguer* écrira avec *ë j'arguë*, il *arguë*, il n'a de temps que le présent , l'imparfait, le futur indicatif, le présent conditionnel.

7. Ceux en *ayer*, *oyer*, *uyer* et tous les réguliers qui font leur présent participe en *ayant* changent *y* en *i* toutes les fois qu'il est suivi immédiatement de *e* muet, et conservent *y* devant les voyelles sonnantes. —Ils écrivent soigneusement *aierai*, *oierai*, *uierai*, etc., *aierois*, *oierois*, *uierois*, etc. , au futur indicatif et au présent conditionnel. — Ils écrivent *yions*, *yiez* à l'imparfait indicatif et au présent subjonctif.

8. *Bayer*, qu'on prononce *béer* et qu'on écrivoit ainsi , comme l'attestent encore *béant*, suit cette analogie.

9. Ceux en *eler*, *eter* redoublent *l*, *t* devant *e* muet, et le gardent simple partout ailleurs.

10. Ceux en *ecer*, *ener*, *ever* changent *e* muet en *è* devant *c*, *v*, *n*, suivis d'un *e* muet, et gardent *e* muet devant ces consonnes suivies d'une voyelle sonnante.

XLV. *Verbes irréguliers et verbes défectifs.*

Tout verbe qui n'a point de *prétérit défini* n'a point d'*imparfait subjonctif*. Tout verbe qui n'a point de *présent participe*, n'a point les formes qui dérivent de ces formes primitives.

Ceux de la première conjugaison qui ont *é* devant leur dernière syllabe commençant par une consonne comme *éger*, *éder*, *érer*, etc., le changent en *è* quand la consonne est suivie d'un *e* muet.

PREMIÈRE CONJUGAISON.

Elle n'a, à proprement parler, de verbes irréguliers que les verbes *aller*, *envoyer*, *renvoyer*, et de défectifs que *importer*, *résulter* et *neiger*.

Aller, allant, allé, ou été, je vais, j'allai. — *Indicatif présent*, je vais, tu vas, il va, nous allons, vous allez, ils vont.—J'allois, etc.—J'allai, etc.—J'ai été, etc., ou je suis allé, etc. — Il en est de même de tous les temps composés.—J'irai, etc.—J'irois, etc.—Va, qu'il aille, allons, allez, qu'ils aillent.—Que j'aille, que tu ailles, qu'il aille, que nous allions, que vous alliez, qu'ils aillent.— Que j'allasse.—Aller.—Je vas est rejeté par l'usage et par plusieurs grammairiens. — Va de l'impératif prend *s* euphonique devant *y*, retombant sur le verbe et formant avec lui un sens indivisible , et devant *en* partitif régime du verbe qui suit.—Je fus pour j'allai est un sollécisme.

—Dans les temps composés *avoir été* et *être allé* ne s'emploient pas indifféremment l'un pour l'autre. — *Ils sont allés* signifie qu'ils y sont dans ce moment, qu'ils sont absents pour cette raison; s'ils sont revenus, dites *ils ont été*. — N'employez pas *je fus*, etc., pour *j'allai*, etc.

S'en aller, se conjugue comme *aller*. — Dans les temps simples *en* précède immédiatement *aller*; dans les temps composés l'auxiliaire *être* s'interpose entre *en* et *allé*, et l'on dit : je m'en suis allé, etc. — A l'impératif on écrit va-t'en (et jamais *va-t-en*), qu'il s'en aille, allons-nous-en, allez-vous-en, qu'ils s'en aillent. A ces trois personnes le pronom suit le verbe, et *en* suit le pronom. — *Je m'en vais* est plus usité que *je m'en vas*. — *S'en aller* ne veut pas après lui de déterminatif qui marque le but, c'est alors *je vais* qu'il faut employer. — *Venir* et *aller* ne doivent pas se confondre, on dit *venir* en parlant d'un lieu où l'on est, *aller* en parlant d'un lieu où l'on n'est pas. — *S'en aller* ne saurait jamais perdre le pronom réfléchi, dites *laissez-le s'en aller*, et puisque vous ne pouvez dire *faites-le s'en aller*, parce que *faites-le* marque contrainte, et *s'en aller* spontanéité; dites *faites-le partir*.

Envoyer fait irrégulièrement : futur, j'enverrai, etc.; *présent conditionnel*, j'enverrois, etc.— *Renvoyer* prend les mêmes formes.

Importer, régulier pour la dérivation, n'est usité qu'aux troisièmes personnes des deux nombres et au présent infinitif. — On l'emploie aussi comme unipersonnel.

Résulter a les mêmes emplois.

Neiger est unipersonnel.

DEUXIÈME CONJUGAISON.

S'abstenir voyez *tenir*.

Accourir, voyez *courir*. — Reçoit pour auxiliaire *être* ou *avoir*, selon qu'il exprime l'état ou l'action.

Accueillir, voyez *cueillir*.

Acquérir. Acquérant, acquis, j'acquiers, j'acquis. — J'acquiers, tu acquiers, il acquiert, nous acquérons, vous acquérez, ils acquièrent. — J'acquérois, etc. — J'acquis, etc. — J'ai acquis; etc. (et tous les temps composés). — J'acquerrai, etc. — Acquiers, qu'il acquière, acquérons, acquérez, qu'ils acquièrent. — Que j'acquière, que tu acquières, qu'il acquière, que nous acquérions, que vous acquériez, qu'ils acquièrent. — Que j'acquisse, etc. — J'acquérois, etc. — Acquérir. — Avoir acquis. — Acquérant, acquis, acquise. — Devant acquérir se prend en bonne part. — *De l'acquis* s'entend des connaissances qu'on a acquises.

Conjuguez ainsi *conquérir, reconquérir, requérir, s'enquérir*.

Conquérir, voyez *acquérir*. — N'est d'usage qu'à l'infinitif, à l'imparfait subjonctif, au prétérit défini et aux temps composés. — Est élégant au figuré. — *Reconquérir* est d'usage à l'infinitif et aux temps composés. — *S'enquérir* s'emploie peu hors de l'infinitif et des temps composés. J'y joindrais le présent indicatif moins les deux premières pers. du pl. — Il signifie s'informer curieusement et avec recherches.

Assaillir, assaillant, assailli, j'assaille, j'assaillis. — Temps remarquables : j'assaillirai, etc. — J'assaillirois, etc. Le reste est conforme aux règles de dérivation.

Conjuguez de même *Tressaillir*. — Je *tressaillirai* est douteux, je *tressaillerai* qui est plus doux est appuyé de nombreuses autorités.

Bénir n'a de remarquable que ses deux participes *béni, bénie*, et *bénit, bénite*. Celui-ci se dit seulement des choses qui ont reçu un caractère sacré par quelque consécration, partout ailleurs c'est *béni, bénie* qu'il faut employer.

Bouillir (neutre). Bouillant, bouilli, je bous, je bouillis.—Je bouillirai.—Je bouillirois. Le reste est régulier.

Courir, courant, couru, je cours, je courus. — Je courrai, je courrais. Le reste est régulier.

Conjuguez ainsi *accourir, discourir, concourir, recourir, encourir, parcourir*. — *accourir* prend pour auxiliaire *avoir* ou *être* selon qu'il exprime action ou état. — *Courre* le cerf, le lièvre, etc., a vieilli même en terme de chasse, et ne s'emploie qu'à l'infinitif.

Cueillir, cueillant, cueilli, je cueille, je cueillis.—*Fut. ind.* Je cueillerai.—*Prés. condit.* Je cueillerois.—Écrivez avec un *i* l'*imp. ind.* nous cueillions, et le *prés. subj.* que nous cueillions.—On a dit à l'*inf.* cueiller, c'est de là que viennent le *fut. ind.* et le *prés. condit.*—Conjuguez de même *recueillir, accueillir*.

Dormir. Voy. *Sortir.*

Faillir (défectif) n'a que je faillis, nous faillîmes, j'ai failli, et tous les temps composés; faillir, faillant, failli.

Défaillir (défectif) n'a guères que nous défaillons, je défaillois, je défaillis, j'ai défailli, défaillir. —*Ses forces défaillent.*

Férir (défectif) n'est d'usage que dans *sans coup férir*, et signifie frapper.—*Féru,* qui en étoit le participe, s'emploieroit par imitation du vieux langage.

Fleurir (sens propre). Fleurissant, fleuri, je fleuris, je fleuris (régulier).

Fleurir (sens figuré) (défectif). Fleuri, je fleuris, je fleuris. — Le *prés. part.* florissant, et *l'imp. i nd.* je florissois sont les seules irrégularités. — Conjuguez *refleurir* avec les mêmes différences entre le sens propre et le sens figuré.

Fuir, fuyant, fui, je fuis, je fuis.—Evitez *que je fuisse,* etc. —Remarque sur *s'enfuir, en* est inséparable du verbe. Dites aux temps composés : je me suis enfui, etc., à l'imp. enfuis-toi, et non enfuis-t-en, ni fuis-t-en.

Gésir, être couché, en latin *jacere* (est défectif), n'a que il gît, nous gisons, ils gisent, il gisoit, gisant.

Haïr, haïssant, haï, je hais, je haïs. — L'*h* est partout aspirée, et le verbe est régulier, sauf la singularité de sa prononciation,—*Nous haïmes, vous haïtes,* ne prennent pas l'accent circonflexe.

Issir (défectif). Venir de, sortir de, n'a guères que *issu, issue.*

Mourir, mourant, mort, je meurs, je mourus.—*Fut.* je mourrai, etc.—*Prés. condit.* je mourrois, etc.— *Prés. subj.* que je meure, que tu meures, qu'il meure, que nous mourions, que vous mouriez, qu'ils meurent.—Le reste est régulier.—Prend l'auxiliaire *être* aux temps composés.—On prononce les deux *rr* du *fut.* et du *condit.*

Ouïr (défectif) faisoit j'ois, tu ois, il oit, nous oyons, vous oyez, ils oient.—J'oyois.—J'oirai. —J'ouis.—Que j'ouisse.— On ne se sert plus guère que de ouïr, ouï, ouïe. — Ouïr ne s'entendroit pas d'un discours ou d'un morceau de longue haleine ; c'est alors *entendre* qu'il faut.

Ouvrir, ouvrant, ouvert, j'ouvre, j'ouvris.—Il est régulier, sauf les formes primitives qui ne reviennent pas exactement à l'un des paradigmes donnés.—Conjuguez de même : découvrir, couvrir, entr'ouvrir, recouvrir, rouvrir, souffrir, offrir, mésoffrir, etc. — Remarque : *Recouvert* est le participe de *recouvrir,* et signifie couvert de nouveau; — *recouvré* est le participe de *recouvrer,* qui signifie retrouver, rentrer en possession. Temps qui diffèrent dans les deux verbes : Je recouvris, je re-recouvrai ; j'ai recouvert, j'ai recouvré ; je recouvrirai, je recouvrerai ; que je recouvrisse, que je recouvrasse.

Partir, partant, parti, je pars, je partis.—Est régulier, sauf les formes primitives.—Prend pour auxiliaire *être* ou *avoir,* selon qu'il exprime l'état ou l'action.

Quérir (défectif) n'avoit plus que l'infinitif après *aller, envoyer, venir;* il a perdu même ce temps.

Recouvrir. Voyez *ouvrir.*

Répartir, répondre vivement, diffère de *partir* dans les temps composés, où il prend pour auxiliaire *avoir.*

Répartir, partir de nouveau, se conjugue comme *partir.*

Répartir, distribuer, partager, répartissant, réparti, je répartis, je répartis. Régulier.

Ressortir, sortir de nouveau. Voy. *Sortir.*

Ressortir, être de telle juridiction. Ressortissant, ressorti, je ressortis, je ressortis.—Se conjugue comme *finir.*

Saillir (défectif) n'est guères plus d'usage dans le sens de jaillir.

Saillir, ressortir, en architecture, (défectif) n'a guère que les troisièmes personnes et l'infinitif. Il saille, il sailloit, il saillera, il sailleroit, qu'il saille.

Sentir, sentant, senti, je sens, je sentis.—Est régulier, sauf les formes primitives.—Conjuguez de même : ressentir, consentir, pressentir, mentir, démentir.

Servir, servant, servi, je sers, je servis.—Est régulier, sauf les formes primitives.—Conjuguez de même : *desservir.*—*Asservir* est régulier. Asservissant, j'asservis, etc.

Sortir, sortant, sorti, je sors, je sortis. — Est régulier, sauf ses formes primitives. — Prend pour auxiliaire *avoir* ou *être,* selon qu'il marque l'état ou l'action.—Conjuguez de même *dormir,* sauf les temps composés, où il ne prend que l'auxiliaire *avoir.* (Voyez paragraphe XLIII.)

Sortir, c'est-à-dire obtenir, produire, avoir son plein effet (défectif). Sortissant, sorti, il sortit, il sortit.—N'est d'usage qu'aux troisièmes personnes.

Surgir, surgi, signifiant *aborder*, n'est plus en usage.

Tressaillir. Voy. *Assaillir.*

Tenir, tenant, tenu, je tiens, je tins.—*Fut. ind.* je tiendrai.—*Prés. condit.* je tiendrois.—*Prés. subj.* que je tienne, que tu tiennes, qu'il tienne, que nous tenions, que vous teniez, qu'ils tiennent. — Est régulier dans le reste de la conjugaison.—Conjuguez de même *s'abstenir, appartenir, détenir, entretenir, maintenir, obtenir, retenir* et *soutenir.* — *N* se redouble chaque fois qu'elle est suivie d'un *e* muet ; elle est simple partout ailleurs.

Venir, venant, venu, je viens, je vins. — Se conjugue comme *tenir.*—Prend l'auxiliaire *être* aux temps composés.—Joint au pronom *se* et au mot *en*, précède par élégance un infinitif.—Conjuguez de même : *convenir, circonvenir, devenir, revenir, disconvenir, intervenir, parvenir, prévenir, ressouvenir, se souvenir, redevenir, subvenir.* — *Prévenir, circonvenir, subvenir* et *convenir* (être sortable) prennent l'auxiliaire *avoir.*—*Redevenir* ne prend pour compléments que des noms ou des adjectifs.

Vêtir (défectif), vêtant, vêtu, je vêts, je vêtis.— Est régulier en suivant les formes primitives.— Dites : *il vêt, ils vêtent,* et non *il vêtit, ils vêtissent; je vêtois,* et non *je vêtissois.*—Mettez partout l'accent circonflexe sur *e.*—Le singulier du *prés. ind.* n'est guère usité.—Conjuguez de même *revêtir.*

TROISIÈME CONJUGAISON.

Apercevoir. Voy. *Voir.*

Avoir. Voy. les verbes auxiliaires.

S'asseoir, s'asseyant, assis, je m'assieds, je m'assis.—*Fut. ind.* je m'assiérai ou je m'asseierai, moins usité.—*Prés. cond.* je m'assiérois ou je m'asseierois, moins usité. — *Prés. subj.* que nous nous asseyons.—Le reste est régulier.—Conjuguez de même *rasseoir.* — Tous deux prennent l'auxiliaire *être.*

Choir s'est écrit *cheoir* et n'est plus en usage.

Déchoir (défectif), point de prés. participe. Déchu, je déchois, je déchus. — *Présent* je déchois, nous déchoyons.—*Imp.* je déchoyois.—*Fut.* je décherrai, nous décherrons.—*Cond.* je décherrois.— *Prés. subj.* que je déchoie.—Prend dans les temps composés l'auxiliaire *être* ou l'auxiliaire *avoir*, selon qu'il marque état ou action.—On a écrit autrefois *décheoir.*

Échoir (défectif), échéant, échu, il échoit, qu'on prononce et qu'on peut écrire, il échet, il échut. —*Fut. cond.* il écherra.—*Prés. condit.* il écherroit.—Point de prés. subj. — N'a guères que les troisièmes pers. sing.—Prend l'auxiliaire *être* dans ses temps composés.

Falloir (unipersonnel et défectif), fallant, fallu, il faut, il fallut.—*Fut. ind.* il faudra.—*Prés. cond.* il faudroit. — *Prés. subj.* qu'il faille. — Le reste est régulier. — Se conjugue avec l'auxiliaire *être* aux temps composés.

Mouvoir, mouvant, mu, je meus, je mus.—*Fut. ind.* je mouvrai.—*Prés. cond.* je mouvrois.—*Prés. subj.* que je meuve.—Le reste est régulier. — L'infinitif seul est d'un usage ordinaire, les autres temps ont un air d'étrangeté, et font regarder ce verbe comme défectif.—Conjuguez de même *émouvoir* et *s'émouvoir*, usités à presque tous leurs temps, et *promouvoir*, terme de palais, dont le participe *promu* est seul d'un usage familier.

Pleuvoir, (unipersonnel défectif), pleuvant, plu, il pleut, il plut.—Manque d'impératif.—Le présent participe n'est guères d'usage.

Pourvoir, pourvoyant, pourvu, je pourvois, je pourvus. — *Fut. ind.* je pourvoirai. — *Prés. cond.* je pourvoirois.—*Prés. subj.* que je pourvoie.—Le reste est régulier.

Pouvoir (défectif), pouvant, pu, je peu ou je puis, je pus.—*Prés. ind.* je puis ou je peux, tu peux, il peut, nous pouvons, vous pouvez, ils peuvent. — *Fut. ind.* je pourrai. — *Prés. cond.* je pourrois. — *Prés. subj.* que je puisse.—*Pu* n'a point de féminin.—Le reste est régulier.—*Je puis* est plus euphonique que *je peux*, il est usité dans la forme inversive *puis-je.*—*Je pourrai* ou *je pourrois* ne prononcent qu'un *r.*—Prend l'auxiliaire *avoir* dans les temps composés. — *Se peut* n'a les temps composés *s'est pu, s'étoit pu*, etc., que dans le style familier.

Prévaloir.—*Prés. subj.* que je prévalle, que nous prévallions. — *Voy.* pour le reste *valoir.* — Dites *prévaloir sur*, et non *à.*

Promouvoir. Voy. *Mouvoir.*

Ravoir ne s'emploie qu'à l'infinitif. — Reu, que l'on prononce ru ou réu, raurai ou raurois sont des barbarismes.

Savoir, sachant, su, je sais, je sus.—*Prés. ind.* au pl. nous savons, vous savez, ils savent.—*Imp. Ind.* Je savois.—*Fut.* je saurai.— *Prés. cond.* je saurois.—*Prés. subj.* que je sache.—*Imp.* sache.—Sça-

oir est un barbarisme.—On dit *je ne sache rien* dans un sens de doute.—On dit *je ne saurois* pour *je ne puis*.—Savoir*, devant un infinitif, suppose qu'il a fallu de l'art ou des efforts, autrement il faudroit *pouvoir*.

Seoir (défectif), n'a que *séant, séante*, en parlant d'une assemblée, d'un tribunal, *sis, sise*, signifiant *situé*.

Seoir, convenir (défectif), n'a que il sied, ils siéent; il seyoit; il siéroit; il siéra; qu'il siée, qu'ils siéent; seyant.—S'emploie unipersonnellement.

Messeoir, être *messéant*, s'emploie excepté l'infintif, aux mêmes temps que *seoir*.

Surseoir (défectif), sursoyant, sursis, je sursois, je sursis.—*Fut.* je surseoirai.—*Prés. cond.* je surseoirois.—Prend l'auxiliaire *avoir* aux temps composés. — Ne s'emploie guères qu'aux temps composés.—Ne me semble guères plus d'usage dans le sens actif, mais dans le sens neutre *surseoir à*.

Souloir, pour *avoir coutume*, a vieilli.

Valoir (défectif), valant, valu, je vaux, je valus. — *Prés. ind.* 3e pers. pl. ils valent. —*Fut. ind.* je vaudrai.—*Prés. cond.* je vaudrois.—*Prés. subj.* que je vaille.—Prend l'auxiliaire avoir dans les temps composés.—Conjuguez de même *équivaloir, revaloir.—Vale* pour *vaille* est un barbarisme.—*Vaillant* dans *deux mille écus vaillant*, n'est pas le participe de valoir, mais un substantif employé adverbialement.—*Valoir*, signifiant *procurer*, est actif, et son participe *valu* se décline.

Voir, voyant, vu, je vois, je vis.—*Fut. ind.* je verrai.—*Prés. cond.* je verrois. — *Prés. subj.* que je voie, que nous voyions.—Aux temps dérivés du présent participe, mettez *i* au lieu de *y* devant e muet. — Conjuguez de même revoir, entrevoir, prévoir. Prévoir fait je prévoirai, je prévoirois.—On tolère dans les poètes, pour le besoin de la rime, l'orthographe je doi, je voi, je prévoi, j'entrevoi, j'aperçoi, je reçoi, etc.

Vouloir (défectif), voulant, voulu, je veux, je voulus.—3e pers. du *prés ind.* ils veulent.—*Fut. ind.* je voudrai.—*Prés. cond.* je voudrois.—L'impératif manque. — Que je veuille, que nous voulions, qu'ils veuillent. — L'impératif de ce verbe ne pouvant être qu'une invitation à vouloir, un désir que nous voulions, on se sert du subjonctif veuillez, qu'ils veuillent, et à ces seules personnes. — Que nous veuillions, que vous veuilliez sont des barbarismes. — *Vouloir* est encore substantif dans *un malin vouloir*, et les poètes pourroient s'en servir heureusement dans cette fonction.

QUATRIÈME CONJUGAISON.

Absoudre (défectif), absolvant, absous, absoute, j'absous. — Le prétérit défini, l'imparfait subjonctif manquent.

Abstraire (défectif), que l'on conjugueroit comme *traire*, n'est guères en usage ; on dit *faire abstraction de*.

Battre, battant, battu, je bats, je battis.—Est régulier, sauf les formes primitives. Celles-ci doivent guider pour redoubler le *t* ou le laisser simple.—Conjuguez de même abattre, combattre, débattre, rebattre, ébattre.—Au passif on dit au figuré *être combattu par* et *être combattu de*.

Boire, buvant, bu, je bois, je bus.—*Prés. subj.* que nous buvions, que vous buviez. — Le reste est conforme à la dérivation.

Braire (défectif) n'a que braire, il brait, ils braient, il braira, ils brairont, il brairoit, ils brairoient.

Bruire (défectif), n'a que bruire, il bruyoit, ils bruyoient.—*Bruyant* est l'adjectif verbal.

Circoncire (défectif), point de prés. part. Circoncis, je circoncis.—Point d'imp. ind. ni d'imparf. subj.

Clore (défectif), n'a que je clos, tu clos, il clôt, sans pluriel ; le *fut.* je clorai; le *prés. cond.* je clorois; le *part. passé* clos, close, et les temps composés.—Conjuguez ainsi *enclore*.

Conclure, concluant, conclu, je conclus, je conclus. — *Imp. ind.* nous concluïons. — *Prés. subj.* que nous concluïons.—Le reste de la dérivation est régulier. — Conclure se disant des choses est absolu, et n'a pas de régime.

Confire, confisant, confit, confite, je confis, je confis.—L'imparfait subjonctif est peu agréable.—*Confit, confite en* et un régime est familier et signifie tout pénétré de, tout rempli de.

Contredire. Voy. Dire.

Coudre, cousant, cousu, je couds, je cousis.—Se dérive régulièrement de ces formes primitives. Rapprochez pour en voir les rapports et les différences coudre, moudre, recoudre, absoudre.—Conjuguez de même *découdre, recoudre*.

Croire, croyant, cru, je crois, je crus.—Ecrivez régulièrement avec *i* après *y*. L'*imp.* nous croyions, et le *prés. subj.* que nous croyions.

Croître, croissant, crû, je croîs, je crûs.—La syllabe *croi*, excepté devant deux *s* et la syllabe *crû* excepté au participe féminin *crue*, prennent partout l'accent circonflexe.—Prend pour auxiliaire *avoir* ou *être* selon qu'il exprime l'état ou l'action.—Conjuguez de même *accroître* et *décroître*. — *Accru* ne prend pas l'accent circonflexe. — Ces finales en *croître* ne riment plus aujourd'hui avec *naître, paroître*.

Dire, disant, dit, je dis, je dis.—2ᵉ pers. pl. du *prés. ind.* vous dites.—Même pers. à l'*impér.* dites. —Les autres dérivations sont conformes. — Conjuguez de même redire en entier, dédire, contredire, interdire, médire, prédire, sauf la 2ᵉ pers. pl. vous dédisez, vous contredisez, vous interdisez, vous médisez, vous prédisez, et la même pers. à l'impér. dédisez, etc. — *Contredire à* n'est plus en usage, le verbe prend un régime direct.

Maudire se conjugue comme *dire*, excepté maudissant et ses dérivés.

Dissoudre se conjugue comme *absoudre*.—*Part.* dissous, dissoute. — *Dissolu, dissolue* est adjectif et signifie débauché, impudique.

Eclore (défectif) n'a que éclore, éclos, éclose, il éclôt, ils éclosent, il éclora, ils éclôront, ils éclôroient, qu'il éclose, qu'ils éclosent.—Prend l'auxiliaire *être*.

Ecrire, écrivant, écrit, j'écris, j'écrivis.—Les dérivations sont régulières.—Conjuguez de même circonscrire, décrire, inscrire, prescrire, proscrire, récrire, souscrire, transcrire.

Exclure. Voy. *Conclure*.—Le part. *exclu, exclue* nous semble seul admissible, quoiqu'on approuve *exclus, excluse*.

Faire, faisant, fait, je fais, je fis.—*Prés. ind.* au pl. nous faisons, vous faites, ils font. — 3ᵉ pers. pl. *Impér.* faites.—*Fut.* je ferai.—*Prés. cond.* je ferois.—*Prés. subj.* que je fasse. — *Ai* dans *faisant* et ses dérivés a le son *e*.—Conjuguez de même contrefaire, défaire, refaire, surfaire, satisfaire.

Forfaire à (défectif), n'a que l'infinitif et les temps composés.

Frire (défectif) n'a que le sing. du *prés. ind.* je fris, etc., le *fut.* je frirai, le *prés. cond.* je frirois, fris pour l'*impér.*, le *part.* frit, frite, et les temps composés.

Lire, lisant, lu, je lis, je lus. — Ses dérivations sont régulières. — Conjuguez de même *relire, élire*.

Luire (défectif), luisant, lui, je luis.—N'a ni prét. défini, ni impératif, ni imparfait subjonctif. —Conjuguez de même *reluire*, sauf le participe qu'il n'a pas au figuré.

Mettre, mettant, mis, je mets, je mis. — Ses dérivations sont régulières. — Conjuguez de même *admettre*.

Moudre, moulant, moulu, je mouds, je moulus.— Ses dérivations sont régulières. — Conjuguez de même *émoudre, remoudre*.

Naître, naissant, né, je nais, je naquis.—3ᵉ pers. sing. *prés. ind.* il naît. — Les autres dérivations sont naturelles.—Prend l'auxiliaire *être* aux temps composés.—Conjuguez de même *renaître*.

Nuire (défectif), nuisant, nui, je nuis, je nuisis.—N'a point de féminin au passé participe.— Prend l'auxiliaire *avoir*.—Ses dérivations sont régulières.

Instruire. Voy. *nuire*.—*Part.* instruit, instruite.

Oindre, oignant, oint, ointe, j'oins, j'oignis.—Ses dérivations sont régulières.

Paître (défectif), paissant, je pais.—N'a ni prétérit défini, ni participe passé.—Ses autres dérivations sont régulières.

Repaître, repaissant, repu, repue, je repais, je repus.—3ᵉ pers. sing. *prés. ind.* il repaît.—Ses autres dérivations sont régulières.

Paroître (défectif), paroissant, paru, je parois, je parus.—N'a point de féminin au passé participe. —Ses dérivations sont régulières. — Conjuguez de même comparoître, apparoître, disparoître, reparoître, connoître, reconnoître. Ces six verbes ont le féminin au participe.

Peindre, peignant, peint, je peins, je peignis.—Ses dérivations sont régulières.—Conjuguez de même craindre, astreindre, joindre, atteindre, ceindre, plaindre, poindre, et tous les verbes en *oindre* et en *eindre*.

Prendre, prenant, pris, je prends, je pris —*Prés. subj.* que je prenne, que nous prenions.—Dans les dérivés de *prenant* redoublez *n* devant *e* muet. — Conjuguez de même apprendre, désapprendre, comprendre, entreprendre, rapprendre, surprendre.

Résoudre, résolvant, résolu, je résous, je résolus.—Ses dérivations sont régulières.—Le passé participe est *résous* sans féminin pour exprimer transformation, changement d'état.

Rire (défectif), riant, ri, je ris, je ris.— *Ri* n'a point de féminin. —Les dérivations sont régulières.—Conjuguez de même *sourire*.

Sourdre (défectif), n'avoit que l'infinitif, qui n'est plus guères en usage.

Suffire (défectif), suffisant, suffi, je suffis, je suffis.—*Suffi* n'a point de féminin.—Les dérivations sont régulières.—Évitez *que je suffisse*.

Suivre, suivant, suivi, je suis, je suivis.—Ses dérivations sont régulières.—Conjuguez de même *poursuivre*, *s'ensuivre*.—Le second n'a que les 3ᵉ pers. du sing. et du pl.

Taire, taisant, tu, je tais, je tus.—Ses dérivations sont régulières.

Tistre (défectif).—N'a que *tisu*, *tissue* et les temps composés —*Tissu* s'emploie aussi en substantif.

Traire (défectif), trayant, trait, traite, je trais.—N'a ni prétérit défini, ni imparfait subjonctif.—Les dérivations sont régulières.—Conjuguez de même distraire, extraire, soustraire.

Vaincre (défectif), vainquant, vaincu, je vaincs, je vainquis.—Le prés. ind. l'imparfait ind. le prés. part. la 2ᵉ pers. sing. de l'impér. s'emploient peu.

Vivre (défectif), vivant, vécu, je vis, je vécus.—Les dérivations sont régulières.—*Vécu* n'a point de féminin. — Conjuguez de même *survivre*, *revivre*. — *Il a vécu* est une litote, comme *il n'est plus* pour *il est mort.*—*Vivre*, dit-on, régit *de* et non pas *du* ; cependant on dit *le prêtre oit de l'autel* pour tire sa subsistance de son ministère. J'aimerois mieux dire : *vivre de* au figuré pour *se soutenir par* n'admet pas *du* ; *vivre du* au propre pour trouver ses moyens d'existence dans , n'admet pas *de*—t *Vive* exclamation politique ne prend pas de pluriel devant un nom pluriel. — *Vive* sorte de souhai en faveur des choses qu'on aime , prend un pluriel.

XLVI. *Accord du verbe avec son sujet.*

1. Le verbe s'accorde avec son sujet en nombre et en personne.

2. Quand un verbe a plusieurs sujets singuliers de troisième personne unis par la conjonction *et*, en général le verbe prend le pluriel.—Les poëtes le mettent souvent au singulier par licence , les prosateurs par négligence ou dans l'intérêt de l'harmonie, ou de la vivacité du langage ; mais il faut toujours que l'intérêt ou la chaleur du morceau justifie cette hardiesse, parce que toute figure dans le style suppose mouvement dans la pensée.

3. Quand un verbe a plusieurs sujets singuliers de troisième personne non unis par la conjonction *et*, on met encore d'ordinaire le verbe au pluriel. —A moins que ces sujets ne soient en quelque sorte synonymes les uns des autres ; alors le verbe s'accorderoit avec le dernier nom. —A moins encore que les sujets ne soient d'un intérêt progressif, de façon que le dernier couvrît tous les autres et s'appropriât le verbe.—A moins enfin que l'un des sujets ne soit pluriel, auquel cas le verbe est nécessairement au pluriel.

4. Avec plusieurs sujets singuliers de personnes différentes le verbe prend le pluriel, suit l'accord de personne en observant l'ordre de priorité, et répète devant lui le pronom de la personne qu'il prend.

5. Quand les sujets singuliers du verbe étant de 3ᵉ personne, sont unis par la conjonction *ou* soit simple, soit répétée devant chaque sujet, le verbe prend à volonté le singulier ou le pluriel, quoique le singulier paroisse préférable.—*L'un ou l'autre* suit la même règle.

6. Si les sujets singuliers unis par *ou* sont de différentes personnes, celui avec lequel s'accorde le verbe se place le plus près de lui, et le verbe au pluriel répétera devant lui le pronom pluriel de la personne qu'il devra prendre.

7. Après plusieurs sujets soit singuliers , soit pluriels résumés par un des mots *chacun*, *personne*, *nul*, *rien*, *tout*, le verbe se met toujours au singulier.

8. Après plusieurs sujets singuliers ou pluriels dont le dernier est singulier et précédé de la conjonction adversative *mais* , le verbe se met au singulier.

9. Si plusieurs sujets unis par *ainsi que*, *de même que*, *comme*, *aussi bien que*, *non plus que*, *avec*, *de la même manière que* exprimant une ressemblance, une comparaison entre les sujets qui précèdent ces mots et ceux qui les suivent; *ainsi que*, *de même que*, etc., et les sujets qui suivent forment une phrase incidente , et le verbe de la phrase principale se règle sur les sujets qui précèdent cés mêmes mots.

10. *L'un et l'autre* demandent le verbe au pluriel sans rejeter absolument le singulier.

11. *Ni l'un ni l'autre* ou plusieurs sujets singuliers unis par *ni* veulent le verbe au pluriel si l'action appartient à tous les sujets, et le singulier si elle n'appartient qu'à un seul.

6

12. *Un de*, *une de* et un nom pluriel suivis de *qui* et d'un verbe veulent ce verbe au pluriel si *qui* se rapporte au nom pluriel ; et au singulier si *qui* se rapporte à *un*, *une*.

13. Après un *nom collectif partitif* ou un adverbe de quantité suivi de *de* et d'un substantif, l'adjectif, le participe, le pronom et le verbe s'accordent avec le substantif qui suit *de*.—*La plupart* employé absolument équivaut à un pluriel.—Un accord différent ne serait point grammatical, mais sylleptique.

14. Après un *nom collectif général* suivi de *de* et d'un substantif, l'adjectif, le pronom, le participe et le verbe s'accordent avec le *collectif général*.

XLVII. *Place du sujet.*

1. La place du sujet est avant le verbe.

2. Le sujet se place après le verbe dans les incises.—Après un subjonctif qui marque souhait.—Dans les phrases qui commencent par *tel*, *ainsi*. — Quand il est accompagné de plusieurs dépendances.—Dans les phrases interrogatives, dans celles qui commencent par *peut-être*, *aussi*, le pronom sujet se rejette après le verbe, et si le sujet est un nom, il se représente après le verbe par un pronom de 3e personne.

LXVIII. *Du régime des verbes.*

Le *régime direct* d'un verbe est ce complément, soit nom, soit pronom, etc. qu'appelle après lui un verbe actif sans l'intermédiaire d'aucune préposition exprimée ou sous-entendue.

Il est régime direct, c'est-à-dire que le verbe agit directement sur lui et sans intermédiaire.

Il diffère du complément simple d'un verbe neutre en ce que celui-ci n'est qu'une apposition qui se rapporte au sujet, tandis que l'autre appartient visiblement au verbe.

Le *régime indirect* d'un verbe est le complément qu'on joint au verbe par une préposition exprimée ou sous-entendue telle que *à*, *de*, *par*, *pour*, *vers*, *sur*, etc.

Le régime direct d'un verbe est le mot de la phrase qui répond à la question *qui est-ce que ? qu'est-ce que ?*—Le régime indirect celui qui répond aux questions : *à qui ? à quoi ? de qui ? de quoi ? par qui ? par quoi ? pour qui ? pour quoi ?* etc. — Les prépositions *à* et *de* entre un verbe et un infinitif, sont souvent de pure euphonie.—*De* pour un article partitif n'empêche pas le régime d'être direct.

Les verbes actifs peuvent prendre des régimes directs et des régimes indirects.

Les verbes passifs prennent devant leur régime indirect *de*, si le verbe marque sentiment, impression de l'âme, et *par* si le verbe marque opération de l'esprit ou du corps.

Les verbes neutres ont pour la plupart un régime indirect.

Les verbes employés sans régime sont dits *absolus*.

Les pronoms régimes dans les verbes pronominaux sont régimes directs, régimes indirects ou simples compléments selon la nature, les fonctions et le sens du verbe.

L'infinitif régime se construit sans préposition après : *aimer mieux*, *compter*, *croire*, *daigner*, *devoir*, *entendre*, *faire*, *valoir*, *pouvoir*, *prétendre*, *savoir*, *s'imaginer*, *valoir mieux*, *venir*, *vouloir*, *falloir*. —Avec *à* après : *s'abaisser*, *s'abonner*, *aboutir*, *s'acharner*, *aimer*, *aider*, *s'apprêter*, *aspirer*, *assujétir*, *s'attendre*, *avoir*, *balancer*, *chercher*, *consentir*, *consister*, *décider* (signifiant l'impulsion qu'on donne ou qu'on reçoit), *désapprendre*, *se disposer*, *s'enhardir*, *enseigner*, *s'étudier*, *exceller*, *exciter*, *exhorter*, *s'habituer*, *se hazarder*, *hésiter*, *inviter*, *montrer*, *s'obstiner*, *s'offrir*, *penser*, *persévérer*, *persister*, *renoncer*, *répugner*, *se résigner*, *songer*, *se soumettre*, *tendre*, *travailler*, *viser*. — Avec *de* après : *ambitionner*, *appréhender*, *s'aviser*, *dédaigner*, *défier*, *se dépêcher*, *désespérer*, *désirer*, *décider* (exprimant le parti qu'on prend), *déterminer*, *détester*, *discontinuer*, *espérer*, *s'excuser*, *feindre*, *gager*, *languir*, *mander*, *mériter*, *nier*, *offrir*, *prier*, *protester*, *se rappeler*, *refuser*, *se ressouvenir*, *risquer*, *souhaiter*, *soupçonner*, et une foule d'autres. Nous n'avons guère indiqué pour *à* et *de* que ceux sur lesquels l'esprit pouvoit avoir quelque doute, ou qui nous ont paru élégants dans cette construction.—Tantôt avec *à*, tantôt avec *de* en changeant de sens après : *accoutumer*, *commencer*, *continuer*, *défier*, *s'efforcer*, *c'est à*, *laisser*, *occuper*, *manquer*, *obliger*, *oublier*, *résoudre*, *suffire*, *tâcher*, *venir*, *se tuer*.

Le nom régime de deux adjectifs, de deux verbes, etc., veut que les deux adjectifs ou ces deux verbes construisent de même leur régime, sans quoi il obéit au premier, et se fait représenter par un pronom devant le second.

Un verbe actif qui a plusieurs régimes directs ou indirects, est censé répété devant chacun d'eux, et n'en peut avoir deux appartenant nécessairement à un seul verbe.

Avec un verbe actif, *le*, *la*, *les*, régimes directs, ne peuvent se remplacer par *leur*, *lui*.

Le pronom régime après un impératif se joint à lui par un trait d'union.

Un impératif ayant un régime direct pronom et un régime indirect pronom veut le régime direct le premier, et le régime indirect le second.

Entre deux pronoms régimes indirects d'un impératif, choisissez pour le placer en premier, le plus nécessaire à la pensée.

On veut que dans deux phrases toutes deux construites par l'impératif et un pronom régime, le pronom exprimé régulièrement après le verbe dans la première, puisse dans la seconde précéder le verbe par exception. Cette licence ne nous paroît plus permise.

XLIX. *Divers emplois des modes et des temps.*

1. *L'indicatif* exprime l'affirmation simple.

2. Le *présent* exprime ce qui se fait actuellement.—Ce qui se fait, ce qui a lieu habituellement.— Un futur tellement prochain qu'on l'annonce comme actuel. — Le futur après *si* marquant condition, et alors le verbe suivant peut se mettre aussi au présent.—Enfin le prétérit défini, quand on veut donner au récit plus de mouvement et d'action. — Dans ce dernier cas il faut que les verbes de la phrase qui sont en rapport avec le verbe au présent, soient aussi au présent. Toute autre construction seroit incorrecte.

3. L'*imparfait* s'emploie pour ce qu'on faisoit habituellement dans un temps passé non défini. — Pour le présent conditionnel après si.

4. Le *présent défini* marque ce qui s'est fait dans un temps entièrement écoulé.

5. Le *prétérit indéfini* marque ce qui s'est fait dans un temps écoulé qu'on ne désigne pas, ou dans un temps qu'on désigne et qui dure encore. — Ne s'emploie pas indifféremment pour le prétérit défini. — Quelquefois pour un futur. — Il est remplacé incorrectement par le plusque parfait dans une phrase correlative après une phrase construite par le prétérit indéfini si l'action du second verbe n'est pas nécessairement antérieure à celle du premier.

6. Le *prétérit antérieur* exprime une chose passée antérieure à une autre chose déjà passée.—Il y en a deux, *j'eus* et *j'ai eu*, le premier défini, et le second indéfini, ils sont dans le même rapport entre eux, que les deux autres prétérits.

7. Le *plus que parfait* qui marque une chose passée antérieure à une autre aussi passée, diffère du prétérit antérieur en ce que l'action de celui-ci est subordonnée à l'autre, tandis que l'action du plusque parfait est celle qui domine sur l'autre. L'action du prétérit antérieur dans l'analyse logique est la dernière ; celle du plus que parfait est la première.

8. Le *futur absolu* marque que la chose se fera dans un temps à venir. — Il exprime commandement ou défense.—Il est remarquable dans l'inversion : *croira qui* pourra.—Après une phrase construite par un prétérit défini, c'est une faute de le remplacer par le présent conditionnel.

9. Le *futur passé* marque qu'une chose aura été faite quand une autre chose à venir arrivera.

10. L'*impératif* commande, prie, exhorte ou permet sans différence marquée du présent ou du futur.—On se commande à soi même par la 2ᵉ personne du singulier ou par la première personne du pluriel.

11. Le *conditionnel* exprime ce qui arriveroit si telle condition arrivoit.

12. Le *présent conditionnel* exprime cette action conditionnelle comme devant arriver actuellement ou dans un temps à venir. (L'action conditionnelle et la condition sont supposées en rapport pour le temps à moins que des adverbes ne les modifient clairement.

13. Le *passé conditionnel* exprime cette action conditionnelle comme ayant dû arriver antérieurement si la condition avoit eu lieu.

(Nota.) Il y a aussi un conditionnel antérieur, un plusque parfait antérieur, comme un futur antérieur, c'est ce qu'on appelle temps sur-composés.

(Nota.) Les *conditionnels* remplacent plusieurs temps de l'indicatif par euphémie et pour les adoucir.—Ils ne peuvent se construire après *si* dans la phrase correlative qui exprime le *conditionnel*.

14. Le *subjonctif* exprime une action subordonnée et dépendante d'une volonté, d'une nécessité ; c'est le mode de l'indécision et du doute, ainsi :

Le verbe de la phrase subordonnée se met à *l'indicatif* lorsqu'il exprime quelque chose d'affirmatif, de certain, de positif ; il se met au *subjonctif* quand l'action qu'il indique est douteuse, incertaine, possible, indécise, ce qui arrive *premièrement* si le verbe de la proposition principale marque surprise, admiration, volonté, souhait, consentement, défense, doute, crainte, appréhension, commandement ; et non s'il marque certitude, connaissance, affirmation, etc.— *Secondement*, si la proposition principale est interrogative, négative, dubitative, hypothétique, (il peut arriver que l'interrogation n'étant que d'élégance, admette l'indicatif après elle.)— *Troisièmement*, après *prétendre*, *entendre*, signifiant vouloir. — *Quatrièmement*, après un verbe unipersonnel, ou remplissant cette fonction. — *Cinquièmement*, après *sembler* employé sans un des pronoms *me*, *te*, *nous*, *vous*, *lui*, *leur*, et sans négation ni interrogation. — *Sixièmement*, quand la phrase subordonnée commençant par *qui*, *que*, *dont*, *où*, etc., exprime quelque chose de possible, d'incertain, de douteux.—*Septièmement*, lorsque ce même relatif *qui*, *que*, *dont*, *où*, a pour antécédent un nom modifié par un adjectif au superlatif, ou répond à l'un de ces mots : *premier*, *dernier*, *nul*, *aucun*, *seul*, *unique*, *personne*, *guère*, *peu*. — *Huitièmement*, après *quel*, *quel que*, *qui que*, *quoi que*, marquant une supposition — *Neuvièmement*, après *si* pour *quelque que* devant un adjectif, ou précédé et suivi d'une négation.—*Dixièmement*, après *afin que*, *avant que*, *en cas que*, *au cas que*, *bien que*, *quoique*, *de peur que*, *de crainte que*, *encore que*, *jusqu'à ce que*, *loin que*, *non que*, *pour que*, *pourvu que*, *sans que*, *si peu que*, *si tant est que*, *soit que*, *supposé que*, *à moins que;* et si le sens le permet, après *sinon que*, *si ce n'est que*, *de sorte que*, *en sorte que*, *tellement que*, *de manière que*.—*Onzièmement*. *Je ne sache* est la seule forme où un verbe soit au subjonctif sans être subordonné à un autre verbe.

15. Le *présent subjonctif* présente cette action incertaine comme actuelle ou future.

16. L'*imparfait subjonctif* présente cette action comme relative à une action passée ou conditionnelle, et quelquefois comme future.

17. L'*imparfait subjonctif* présente l'action comme passée ou comme devant être passée dans un temps à venir.

18. Le *plus que parfait subjonctif* exprime une action passée antérieurement à une autre déjà passée, et quelque fois comme future.

19. L'*infinitif* exprime l'action indéfinie et sans aucune des modifications précédentes.—L'infinitif est la forme sous laquelle le verbe peut être régime d'un autre verbe ou d'une préposition (excepté *en* qui veut le participe présent). (Excepté encore l'auxiliaire *avoir* ou *être* s'il le remplace, et qu'il ait pour régime direct le participe passé lui-même, voyez **XXXII**. *Aimé* invariable, car dans l'autre cas ce n'est plus le verbe qui est régime.)—Sujet de *être*, il l'autorise à prendre le pronom unipersonnel *ce*.—Sujet de *être* et accompagné d'un régime de quelque étendue, il exige *ce* devant *être*. Plusieurs infinitifs sujets de *être* exigent *ce* devant *être*.—Précédé d'une préposition, il doit se rapporter clairement au sujet ou à l'un des régimes de la proposition.

20. Le *présent*, *le parfait*, *le futur infinitif*, modifient l action dans le sens de ces divers temps.

21. Le *participe*, c'est un mode à double valeur, tantôt verbe et invariable, tantôt adjectif et variable.

22. Le *présent et le passé participe* admettent chacun l'idée de l'époque qu'ils indiquent.

L. *Correspondance des temps.*

Indicatif.
Le *présent correspond* à son propre temps.—Au prétérit défini.

Pour ne pas étudier ici chaque temps en particulier, ce qui nous entraîneroit dans des détails superflus pour le cadre que nous avons adopté, nous dirons :

1. Après un *présent*, un *imparfait*, un *prétérit indéfini*, un *plus que parfait* et que, mettez le *présent* si vous exprimez une chose vraie dans tous les temps, ou qui existe encore au moment même où l'on parle.

2. Le *présent subjonctif correspond* : au présent.—Au futur absolu.—Au futur passé.

3. L'*imparfait subjonctif correspond* : à l'imparfait.—Aux deux prétérits.—Au plus que parfait.—Aux deux conditionnels.

4. Le *parfait subjonctif correspond* : au présent. —Au prétérit indéfini. —Au futur absolu. —Au futur passé.

5. Le *plus que parfait subjonctif correspond* : à l'imparfait.—Aux prétérits.— Au plusque parfait.—Aux deux conditionnels.

LI. *Du participe.*

Dans quels cas le participe est-il verbe et invariable ?
Dans quels cas le participe est-il adjectif et déclinable ?
A ces deux questions se réduisent toutes les *règles sur les participes.*

LII. *Du participe présent.*

1. *Le participe présent* est *verbe et invariable* quand il exprime une action instantanée, définie par les limites d'une certaine durée. — Il doit pouvoir se tourner par *qui, lorsque, parce que, puisque* et un temps du verbe.—Cela arrive toujours *quand le participe présent a un régime direct.—Quand le participe présent a un régime indirect*, la question redevient douteuse, et il faut recourir ou à l'analyse, ou au moyen mécanique que nous avons indiqué.—*Séant* et *appartenant* accompagnés de régimes suivent cette analogie, selon qu'on y envisage l'action de *siéger, d'appartenir*, ou l'état de *séance*, de *dépendance.*

2. *Le participe présent* est *adjectif et variable* quand il exprime une qualité inhérente au substantif, un état habituel ou du moins prolongé et d'une durée indéfinie · Il doit pouvoir se tourner par *qui est, qui étoit*, etc., et le participe.—Cela arrive presque toujours *quand le participe présent n'est accompagné d'aucun régime.*

Nota. Les irrégularités qu'on trouve dans les poëtes à ce sujet viennent en grande partie de ce que la langue moins analysée n'admettoit pas autrefois cette différence, et que tous les participes étoient déclinables.

LIII. *Du gérondif.*

1. Le *participe présent invariable* régime de la prép. *en* exprimée ou sous-entendue, est ce qu'on appelle *gérondif.* On voit que ce n'est autre chose qu'un des emplois du *participe verbe.* Il importe de s'assurer, quand on rencontre un participe, si cette construction lui appartient.

2. Le *gérondif*, pour être correct, doit se rapporter clairement au sujet de la proposition.

2. S'il y a deux *gérondifs* de suite, *en* exprimé devant le premier, peut se sous-entendre devant le second.

3 S'il y a plus de deux *gérondifs* de suite, *en* exprimé devant le premier, s'exprime nécessairement devant tous les autres.

LIV. *Du participe passé.*

1. Le *participe passé*, dans les circonstances où nous le verrons *invariable*, est *verbe*, signifie comme le verbe, *action*, mais *action faite* et *passée*, et gouverne par lui-même ses régimes, soit directs, soit indirects.

2. Le *participe passé*, dans les circonstances où nous le verrons *déclinable*, est *adjectif*, signifie comme l'adjectif, *état, état* résultant de l'acte qui a eu lieu, et est de sens neutre ou passif, n'ayant de régime que dans ce sens, et laissant gouverner les régimes directs à l'auxiliaire qui l'accompagne. Autrefois même la langue permettoit de placer ce régime entre l'auxiliaire et le participe. Cette locution ressembloit à celle-ci : avoir cause gagnée.

3. Le *participe passé sans auxiliaire* suit la règle d'accord. — Mis au commencement d'une phrase, pour être correct, il doit se rapporter clairement à un sujet ou à un régime placé assez près de lui.

4. *Attendu, ou, supposé, excepté, y compris, ci-joint, ci-inclus* placés devant le substantif, remplissent les fonctions de prépositions, et sont invariables.

5. Le *participe passé joint à l'auxiliaire avoir dans les temps composés des verbes actifs*, s'accorde avec le régime direct placé avant le verbe, et demeure invariable devant ce régime placé après le verbe. —Pour reconnoître ce régime, faites la question *qui est-ce que ?* ou *qu'est-ce que ?* le mot de la réponse sera le régime cherché. — Le participe demeure invariable si le verbe n'a point de régime direct.

6. Le *participe passé joint à l'auxiliaire être dans les temps des verbes passifs*, s'accorde avec le sujet du verbe.

7. *Le participe passé joint à l'auxiliaire avoir dans les temps composés des verbes neutres* est invariable. —Même précédé de *que* , si *que* n'est pas régime direct.—Mais si le verbe neutre prend une valeur active , et qu'il ait un régime , le participe suit la règle 5

8. *Le participe passé joint à l'auxiliaire être dans les temps composés des verbes neutres* s'accorde avec le sujet du verbe.

9. *Le participe passé joint à l'auxiliaire être dans les temps composés des verbes pronominaux* , s'accorde avec le sujet du verbe.—Dans *s'arroger* , seulement il s'accorde avec le régime direct — *Essentiels.* (Ces verbes sont : s'abstenir, s'accouder , s'accroupir, s'acharner , s'acheminer , s'adonner , s'agenouiller, s'agriffer , s'aheurter , s'attrouper , se blottir , se cabrer, se carrer, se comporter, se défier, se dédire, se démener, se désister , se droguer , s'ébahir , s'ébouler, s'écrouler, s'embusquer, s'emparer, s'empresser, s'en aller, s'enquérir, s'en retourner , s'escrimer, s'évader , s'évanouir, s'évaporer , s'évertuer, s'extasier, se formaliser , se gargariser , se gendarmer , s'immiscer , s'industrier , s'ingénier, s'ingérer, se méfier , se méprendre , se moquer, s'obstiner , s'opiniâtrer , se parjurer, se prévaloir, se prosterner , se raviser , se rébéquer, se récrier , se rédimer, se refrogner , se réfugier, se rengorger , se repentir , se souvenir.

Et parmi les verbes pronominaux accidentels :

S'attacher, s'apercevoir , s'attaquer , s'attendre , s'aviser, s'en aller , se disputer, se douter, se 'ouer (se féliciter) , se plaindre , se taire , se servir.

10. *Le participe passé joint à l'auxiliaire être dans les temps composés des verbes pronominaux accidentels* obéit à la nature primitive du verbe. — *Si le verbe est primitivement neutre* , le participe est invariable. —*Si le verbe est primitivement actif* , le participe s'accorde si le régime direct est placé avant , et reste invariable si ce régime est après (pour connoître ce régime , faites la question *qu'est-ce que ?*)

11. *Le participe passé joint à l'auxiliaire être dans les temps composés des verbes unipersonnels* , demeure invariable.

12. QUELQUES REMARQUES SUR CE PARTICIPE.

13: *Été* est toujours invariable.

14. *Plainte et crainte* suivent la règle ordinaire , quoique l'on conseille à tort de les éviter.

15. Le participe joint au verbe *avoir* et ayant devant lui un régime direct peut être suivi d'un infinitif.—*Si le verbe où est le participe, est actif, et l'infinitif neutre* , le participe s'accorde avec le régime indiqué — *Si le verbe où est le participe est neutre , et l'infinitif actif*, le participe reste invariable. —*Si le verbe où est le participe est actif et l'infinitif aussi actif*, ou l'infinitif est suivi de son régime direct , et alors le participe s'accorde avec le régime qui précède, ou l'infinitif n'a point de régime direct après lui , et alors, pour savoir auquel des deux appartient le régime qui précède, il faut faire l'interrogation *qu'est-ce que* , et faire accorder le participe si le régime lui appartient.—*Si les deux verbes sont précédés de deux régimes*, suivez toujours la même méthode d'interrogation , et ne faites accorder le participe qu'avec un régime direct qui appartienne au verbe où est le participe.

16. *Laissé* précédé d'un régime direct et suivi d'un infinitif neutre s'accorde avec ce régime. — *Laissé* suivi d'un infinitif actif et précédé d'un régime direct , s'accorde avec ce régime s'il lui appartient , et reste invariable si le régime appartient à l'infinitif. — Le régime appartient au participe si l'on peut tourner l'infinitif par le *participe présent* ou par *qui* et *l'imparfait indicatif*.

17. *Fait* suivi d'un infinitif est invariable.—Ne dites pas : *je les ai fait passer le fleuve*, mais : *je leur ai fait passer le fleuve*, sans quoi *faire* auroit deux régimes directs.

18. L'infinitif est quelquefois sous-entendu après *dû* , *voulu*, *pu*, et ils restent invariables.

19. *Imaginé*, *cru*, *pensé* , précédés de *le* s'accorderont avec ce pronom et seront invariables s'il est pour *cela* , déclinables s'il a un sens qui comporte le genre et le nombre.

20. Le participe se rapportant à *en* partitif est invariable.

21. Le participe avant pour régime *combien de* , *que de*, *quel* et un substantif, s'accorde avec le substantif.

22. Le participe ayant pour régime *le peu de* signifiant manque , défaut , est invariable —Mais si *le peu de* marque quantité quelque petite qu'elle soit , le participe s'accorde avec le substantif qui suit *le peu de*.

23. *Valu* et *coûté* suivront la règle générale malgré une assez grande opposition.

24. Résumé de ces différentes règles et moyen de les retrouver.

Le participe passé *sans auxiliaire* (3).

Le participe passé *avec l'auxiliaire être* dans les temps des verbes passif (6). — Dans les temps des verbes neutres (8). — Dans les temps des verbes pronominaux essentiels (9). — Dans les temps des verbes pronominaux accidentels (10). Dans les temps des verbes unipersonnels (10). — Le participe passé *avec l'auxiliaire avoir* dans les temps des verbes actifs (5). — Dans les temps des verbes neutres (7). — Dans les temps des verbes unipersonnels (12). — Précédé d'un ou de deux régimes directs et suivi d'un infinitif (15).

Attendu, vu, supposé, excepté, y compris, ci-joint, ci-inclus (4). — Été (13). — Plainte, crainte (14). — Laissé (16). — Fait (17). — Dû, voulu, pu (18). — Imaginé, cru, pensé (19). — Après, *en* (20). — Après *combien de*, *que de*, *quel* (21). — Après *le peu de* (22). — Valu, coûté (23).

LV. *De la préposition.*

Définition : La préposition sert à marquer un rapport entre deux termes.

1. *Celles qui marquent le lieu sont :* Autour, chez, contre, dans, dès, dessus, devant, derrière, jusque, parmi, près, proche, auprès, vis-à-vis, sous, sur, vers.

2. *Celles qui marquent l'ordre sont :* Avant, après, entre, depuis.

3. *Celles qui marquent l'union sont :* Avec, durant, pendant, outre, selon, suivant.

4. *Celles qui marquent séparation sont :* Sans, excepté, hors, sauf, vu.

5. *Celles qui marquent opposition sont :* Contre, malgré, nonobstant.

6. *Cel es qui marquent le but sont :* Envers, concernant, touchant, pour, loin, par-de-là, à travers, voici, voilà.

7. *Celles qui marquent la cause et le moyen sont :* Par, moyennant, attendu.

8. *Celles qui marquent spécification sont :* A, de, en.

9. Telle est la manière dont on a fixé leurs rapports. Nous la croyons loin d'être satisfaisante, parce que chaque préposition peut appartenir à plusieurs de ces circonstances. Nous pensons qu'un tableau analogue à celui que nous avons donné des emplois des pronoms personnels seroit ici fort utile, nous abandonnons cette idée aux maîtres et aux élèves.

XVI. *Régime des prépositions.*

10. *Celles qui régissent les noms sans aucune préposition intermédiaire sont :* A, de, dès, après, attendu, avant, avec, chez, concernant, contre, dans, depuis, derrière, dessus, dessous, devers, devant, durant, en, entre, envers, excepté, hors, hormis, malgré, moyennant, joignant, nonobstant, outre, par, pour, parmi, pendant ; sans, sauf, selon, sous, suivant, sur, touchant, à travers, vers, voici, voilà, vu.

11. *Celles qui veulent être suivies de la préposition* de *sont :* Auprès, autour, ensuite, faute, hors, loin, près, proche, à cause, à côté, à couvert, à fleur, à force, à la faveur, à l'abri, à la mode, à la réserve, à l'exception, à l'exclusion, à l'égard, à l'insu, à l'opposite, à raison, à moins, à rez, au deçà, au-delà, au-dessus, au-dessous, au-dedans, au-dehors, au-devant, au milieu, au lieu, au moyen, au niveau, au péril, au prix, au risque, au travers, aux dépens, aux environs, en dépit, le long, vis-à-vis.

12. *Celles qui veulent être suivies de la préposition* à *sont :* jusque, attenant, par rapport, quant, sauf (dans certains cas).

13. Un nom ne peut être régime de plusieurs prépositions si elles ne se construisent de même.

14. *De, hors, excepté,* régissent quelquefois d'autres prépositions.

XVII. *Répétition des prépositions.*

15. *A, de, en* se répètent devant chacun des mots qu'elles régissent. — Les autres prépositions se répètent en général quand leurs régimes sont de sens opposés.

LVIII. *Observations sur l'emploi de quelques prepositions.*

16. *Autour, à l'entour.* — *Autour* est préposition et prend un régime. —Fait quelquefois les fonctions d'adverbe.—*A l'entour* est adverbe. — Ne peut devenir préposition que dans un tour oratoire.

17. *Avant, devant.* — *Avant* marque ordinairement l'ordre de temps, et *devant* l'ordre de place. Nous y voyons une autre nuance : *avant* opposé de *après* marque que la chose précède, et *devant* qu'elle précède immédiatement. — *Devant* ne peut marquer l'ordre de temps.

18. *Avant que de, avant que.* — L'usage préfère *avant de* plus vif et plus rapide à *avant que de* qui lui a été long-temps préféré.

19. *Auprès de, au prix de.* — *Au prix de* compare dans deux objets leur mérite, leur prix, leurs avantages. — *Auprès de* compare leur disproportion, leur énorme différence.

20. *Près de, auprès de.* — *Près de* signifie ce qui est près par opposition à ce qui est loin. — *Auprès de* signifie ce qui est assiduement près ; il marque fixité, situation, habitude.— *Auprès de* peut prendre le sens de *au prix de.* — *Près de* ne le prend pas.

21. *Durant* se construit après son régime dans *sa vie durant.* — Ne se construit plus avec *que* pour signifier *pendant que, tandis que.*

22. *Durant, pendant.* — *Durant* marque une durée continue. — *Pendant* marque une époque, et admet l'idée d'interruption dans la durée de ce qui a eu lieu.

23. *Dedans, dehors, dessus, dessous.* — Ces mots sont prépositions quand on les oppose deux à deux dans la phrase en n'exprimant le régime qu'après le second. — Ou quand ils ont devant eux *le, du, au, par le.* — Excepté ces deux cas ils sont adverbes. — Cette différence n'existoit pas autrefois, on les faisoit à volonté adverbes ou prépositions.

24. *Sous, sur, dans, hors.* — Sont prépositions et admettent des régimes.

LIX. *De l'Adverbe.*

Définition : *mot qu'on ajoute à l'adjectif, au verbe ou à l'adverbe même pour en marquer quelque circonstance qui les modifie.*

1. *L'adverbe* est énoncé par un seul mot, et remplace une préposition et son complément. — *L'expression adverbiale* se compose de deux ou de plusieurs mots. —Les adverbes composés rentrent dans cette classe.

2. L'adverbe remplaçant une préposition et son complément n'admet point de régime. — Les adverbes seulement font exception à cette règle et admettent un régime après eux, savoir : *dépendamment, indépendamment, différemment,* qui prennent *de* ; *antérieurement, postérieurement, inférieurement, supérieurement, conformément, convenablement, conséquemment, exclusivement, préférablement, proportionnellement, relativement,* qui prennent *à.*—Joignez-y les adverbes de quantité qui admettent *de.*

3. Il y a des adjectifs qui font la fonction d'adverbes comme nous l'avons vu.

4. Les adverbes de temps, expriment une circonstance de temps, tels sont : Aujourd'hui, présentement, maintenant, actuellement, à cette heure, hier, avant-hier, jadis, au temps passé, depuis peu, demain, bientôt, tantôt, dans peu, qui marquent le temps d'une manière déterminée ; souvent, d'abord, naguère, sans cesse, à l'improviste, sur-le-champ, qui marquent le temps d'une manière indéterminée,

5. Les adverbes de lieu expriment une circonstance de place, de distance, tels sont : Ici, là, devant, derrière, dessus, dessous, en haut, en bas, près, loin, proche, etc.

6. Les adverbes d'ordre et de rang expriment le rapport que leur nom même indique, tels sont : D'abord, après, devant, ensuite, premièrement, secondement, etc.

7. Les adverbes de quantité expriment ou la quantité absolue : Assez, trop, peu, beaucoup, bien, fort, très, etc., ou la quantité comparative, comme plus, moins, aussi, autant, davantage, ou la quantité par extension, comme tant, si, presque, encore, etc.

8. LES ADVERBES DE MANIÈRE expriment une manière d'être en faisant l'action, ou une manière de la faire, ou tel autre rapport analogue, comme : Adroitement, impatiemment, bien, mal, à tort, à travers, etc. — Plusieurs de ces adverbes prennent les formes du comparatif et du superlatif, bien, mal, font leur comparatif mieux, pis. — Extrêmement, totalement et ceux qui n'admettent point l'idée de plus ou de moins, n'ont ni comparatif, ni superlatif.

9. LES ADVERBES D'AFFIRMATION, DE NÉGATION OU DE DOUTE sont : certes, sans doute, vraiment, oui, volontiers, soit, d'accord, peut-être, non, ne, ne pas, ne point, nullement, point du tout, nulle part, etc.

LES ADVERBES DE COMPARAISON sont comme, de même, ainsi, plus, moins, pis, mieux, etc.

10. LES ADVERBES D'INTERROGATION sont : Combien, où, d'où, par où, comment, quand, pourquoi, etc.

LX. *De la formation des Adverbes en* ment.

1. Si l'adjectif est terminé au masculin par une voyelle, il suffit d'y ajouter *ment.* — Si cette voyelle est *e* muet, il faut le changer en *é* fermé. — Si l'adjectif se forme du féminin, il faut changer *e* de la terminaison en *é*. — Folle, molle, nouvelle, belle, font exception. — Impuni fait impunément.

2. Si l'adjectif est terminé au masculin par *é*, il suffit d'y ajouter *ment.*

3. Si l'adjectif est terminé au masculin par une seule consonne, ajoutez *ment* au féminin. — Gentil fait gentiment.

4. Si l'adjectif est terminé au masculin en *ent*, l'adverbe change *ant* en *amment*, *ent*, en *emment.* — Les monosyllabes en *ent* forment l'adverbe en *entement.* — Joignez-y *présent*, *présentement.*

LX. *De la répétition des Adverbes.*

1. *Si, aussi, autant, plus, moins*, se répètent devant chacun des mots qu'ils modifient.

3. *Autant, plus, moins* servent souvent à mettre deux nombres de phrase dans un rapport de parité, alors ils sont à la tête de chaque nombre, et le premier mot de chacun, sans souffrir même la conjonction *et* devant le second.

LXII. *De la place des Adverbes.*

1. Si l'adverbe qui modifie un verbe à un temps simple se met ordinairement après ce verbe. L'adverbe qui modifie un verbe à un temps composé se met d'ordinaire entre l'auxiliaire et le verbe.

2. L'adverbe composé qui modifie un verbe, se place après lui.

3. Ces règles générales ont été mises ici plutôt pour signaler une lacune dans nos grammaires que pour la remplir. Cette question reste presque entière à traiter.

LXIII. *Observations sur quelques Adverbes.*

1. *Aujourd'hui* réclame absolument l'apostrophe entre *d* et *h.* — *Jusqu'aujourd'hui* et *jusqu'à aujourd'hui* sont à-peu-près également adoptés. Nous inclinerions donc pour le plus doux en faisant remarquer qu'il renferme déjà la préposition.

3. *Auparavant* s'emploie d'une manière absolue. Tout déterminatif actif après lui est incorrect.

3. *Aussi, si*, se joignent aux adjectifs, aux participes et aux adverbes, *autant, tant*, se joignent aux substantifs et aux verbes. — Pour comparer deux adjectifs mettez *aussi* devant le premier ou *autant* après le premier et *que* devant le second. — *Aussi…que, autant…que*, suivis d'un verbe, veulent *le* devant lui. — *Aussi, si, autant, tant* employés dans un sens de quantité comparative veulent après eux *que*, e non pas *comme.*

4. *Beaucoup, bien* adverbes de quantité veulent après eux, l'un *de* sans article, l'autre *du, de le, de lu, des.*

5. *Beaucoup* signifiant *beaucoup de personnes* veut être suivi de ces déterminatifs ou précédé de *en*, autrement il est incorrect et familier. — *De beaucoup* s'emploient aussi après un comparatif.

6. *Çi* opposé de *là* ne se remplace jamais par *ici.*

7. *Que, combien,* employés par exclamation ne souffrent point *bien, très, fort,* devant le mot qu'ils modifient.

8. *Comment* signifiant de quelle manière et liant deux nombres de phrase ne se remplace point aujourd'hui par *comme,* non plus qu'absolu et dans le sens interrogatif.

9. *Davantage* ne prend plus après lui un déterminatif avec *que* ni avec *de,* il n'en admet point d'autre que *en* placé avant lui. Après *il s'en faut* marquant différence de compte, de quantité : après il *s'en faut* marquant seulement infériorité, c'est *beaucoup* qu'il faut employer.

1o. *Environ* n'admet point avec lui une alternative de deux nombres unis par *ou.* Ce mot veut tomber ou sur un seul nombre, ou sur deux nombres unis par *à.*

11. *Guère* ou *guères* est toujours précédé d'une négation. — Après il *s'en faut,* il prend *de* dans les mêmes circonstances que *beaucoup.* — S'écrit mieux sans *s* qu'avec *s.*

12. *Ici,* marque le lieu où est celui qui parle ; *là,* un lieu différent. — Tous deux ont un sens déterminé, l'un est près, l'autre est plus éloigné. — *Ici, là,* servant à faire opposition de lieu, sont employés par figure pour : dans tel endroit, dans tel autre, et ont un sens indéterminé.

13. *Mieux* suivi de deux infinitifs que l'on compare, veut *que de* devant le second.

14. *Jamais* veut après lui le singulier, quand il se construit avec un nom commun sans article ou de ressemblance.

15. Emploi de *ne* après *que* — 1o après un comparatif d'égalité, mettez *que* sans *ne.* — 2o après un comparatif d'inégalité ou de différence, mettez *que ne.* — A moins que la première proposition ne soit négative, interrogative ou dubitative, car on supprimeroit *ne.* — Si pourtant le premier membre étant interrogatif étoit construit avec *ne pas, ne point,* ou encore si l'interrogation impliquoit un sens négatif, le second membre prendroit *que ne.*

16. Emploi de *ne* après *à moins que, sans que.* Après *à moins que* la poésie seule pourroit négliger *ne,* et rarement. — Après *sans que* n'employez jamais *ne.*

17. Emploi de *ne* après *avant que.* S'il y a du doute sur l'action du verbe qui suit *avant que,* mettez *ne* devant le verbe, supprimez-le s'il n'y a aucun doute.

18. Emploi de *ne* après *nier, douter,* si le membre de phrase où est *nier, douter* est négatif ou interrogatif, faites-le suivre de *ne* ; s'il est affirmatif, supprimez *ne.*

19. Autres emplois de *ne.* — Après *ne pas désespérer que* et *ne pas disconvenir que,* mettez *ne.* — Après *empêcher que,* affirmatif, employez *ne,* supprimez-le si le verbe est négatif — Après *défendre que,* supprimez *ne.* — Après *il ne tient pas à, à quoi tient-il,* employez *que ne* ; après *il tient à,* supprimez *ne.* — Après *craindre, trembler, appréhender, avoir peur,* employez *ne* pour ce que vous craignez de voir arriver, *ne pas* pour ce que vous craignez de ne pas voir arriver. Mais si vous avez *craindre peu, ne pas craindre, craint-on, sans craindre,* et les mêmes emplois des trois autres verbes, supprimez *ne* dans le membre de phrase suivant. Cependant après *ne craignez-vous pas* ou une forme équivalente, on emploieroit *ne.* — Après *se défier que,* employez *ne,* supprimez-le après *ne se pas défier.* — Employez *ne* après *prendre garde* et *garder* signifiant empêcher, supprimez *ne,* si *prendre garde* signifie remarquer. — Employez *ne* après *il ne s'en faut pas beaucoup, peut s'en faut, il ne s'en est guère fallu,* après *il s'en faut* affirmatif, supprimez *ne.*

2o. Suppression de *pas* ou *point* dans *ne pas, ne point.* — On peut supprimer *pas* après *ne cesser, n'oser, ne pouvoir, ne savoir,* à moins que l'esprit n'appuie sur l'affirmation et qu'elle ne soit l'objet principal de la proposition. — On doit supprimer *pas* ou *point* après *ne pas douter que ne, doutez-vous que ne, ne pas nier que ne,* après *ne pas disconvenir que ne, ne pas désespérer que ne, prendre garde que ne,* signifiant empêcher, *il ne tient pas à... que ne, à qui ne tient-il... que ne, ne bouger de, empêcher que ne,* après une négation de quelque étendue, *ne... guère plus, ne... de plusieurs jours* devant des mots qui impliquent négation comme *personne, rien, jamais, nul ;* avec des mots qui exprimant l'infiniment petit, approchent par là du sens négatif, comme *goutte, mot, bien* (on remarquera que *pas* et *point* ont le même sens). — Les autres règles sur ce sujet nous ont paru trop fugitives pour entrer dans notre plan.

21. Différence entre *pas* et *point.* — *Pas* est l'affirmation simple, que l'esprit peut intérieurement modifier ou restreindre ; *point* est l'affirmation positive, absolue et sans restriction.

22. Quelques emplois de *pas* et de *point.* — *Point* s'emploie quelquefois sans l'adverbe *ne,* soit dans le corps, soit au commencement d'une phrase, soit après d'un adjectif, soit enfin pour former à lui seul une phrase négative elliptique.

23. *Peu* opposé de beaucoup. — Ne sauroit être précédé de *un petit*. — Suivi de *de* et d'un nom pluriel, veut le verbe au pluriel. — Après *c'est peu* mettez *de* et non pas *que de*. — Après *il s'en faut*, mettez *peu* ou *de peu* dans les mêmes cas que *beaucoup*, *guère*, *de beaucoup*, *de guère*.

24. *Peut être* s'écrit toujours avec un trait-d'union, et se joint le plus souvent avec *que* quand il précède le mot qu'il modifie.

25. *Plus* se construit avec *de* et non avec *que* devant *à moitié*, *à demi*. — *Plus que* se construit avec *de* devant un infinitif. — *Plus d'un*, terme collectif partitif ou adverbe de qualité veut le verbe suivant au singulier ; mais il est tel cas où il importe que l'esprit reste sur l'idée de pluralité, et alors c'est le pluriel qu'il faut.

26. *Plus tôt* signifiant de meilleure heure, ne se confond point avec *plutôt* préférablement ; et s'écrit en deux mots. — *Plutôt que* devant un infinitif se construit avec *de*.

27. *Pourtant*, *cependant*, *néanmoins*, *toutefois*. — *Pourtant* est plus ferme, plus énergique ; *cependant* est moins absolu ; *néanmoins* de deux choses opposées en apparence, soutient l'une sans détruire l'autre ; *toutefois* marque que le cas fait exception et pour cette fois seulement. — *Cependant que* pour *tandis que* a de la grâce dans quelques exemples de poésie, mais en prose il ne se tolère point.

28. *Quand*, *lorsque* ne se remplacent par *alors que* qu'en poësie et par emphâse. — *Quand* marquant une circonstance de temps, ne doit point se confondre avec *quant à* qui signifie *pour ce qui est de*, *tant qu'à*.

29. *Rien moins que*, devant un adjectif a un sens négatif, devant un substantif il a également le sens affirmatif et le sens négatif ; tombant sur un verbe il a aussi les deux sens. Il faut que l'ensemble de la phrase en détermine la signification.

30. *Tout de suite* équivaut à actuellement ; *de suite* signifie sans interruption.

31. *Y* adverbe de localité se supprime devant un mot commençant par la lettre *i*. Dans le discours soutenu, on éviteroit cette incorrection en changeant la tournure.

LXIV. *De la Conjonction.*

Définition. Mot qui sert à établir le rapport de deux phrases entre elles.

Elles se divisent en *copulatives*, et, ni ; *augmentatives* de plus, d'ailleurs, outre que, encore, au surplus ; *alternatives ou disjonctives*, ou, ou bien, sinon, tantôt ; *hypothétiques ou conditionnelles*, si, soit, pourvu que, à moins que, quand (signifiant quand même), sauf, bien entendu que, à condition que, au cas que, en cas que ; *adversatives*, mais, quoique, combien que (a vieilli), encore que, loin que, au contraire, au lieu de, au moins, du moins ; *périodiques*, pendant que, durant que, tandis que, tant que, aussitôt que, avant que, depuis que ; *causatives*, afin, parce que, puisque, car, comme, de même que, aussi, de peur que ; *conclusives*, donc, vu, par conséquent, c'est pourquoi, ainsi, partant ; *explicatives*, de sorte que, ainsi que, de façon que, c'est-à-dire ; *transitives*, or, au reste, du reste, après tout, de là, quant à.

Voyez pour le mode qu'exigent les conjonctions.

LXV. *De la répétition des Conjonctions.*

Que dans une longue suite de propositions subordonnées à une proposition principale qui les précède, se répète devant chacune d'elles ; dans tout autre cas on peut se dispenser de l'exprimer plus d'une fois.

Si placé devant une première proposition hypothétique, se remplace avantageusement par *que*, devant les membres subséquents dans la même phrase.

LXVI. *Observations sur l'emploi de plusieurs conjonctions.*

A moins veut *de* devant un nom, et *que* avec le subjonctif devant un verbe ; avant un infinitif *que de* a plus de force, *de* n'est point irrégulier.

Au reste suppose après lui quelque chose dans le même genre que ce qui est avant, *du reste* suppose quelque chose d'un autre genre, une chose différente et étrangère à la première.

Comme s'emploie dans le sens de parce que, ainsi que, dans le temps que, presque, autant que.

De crainte de, *de crainte que*, *de peur de*, *de peur que*, sont réguliers.

De même répété pour établir une comparaison, veut en premier lieu l'objet de comparaison, e en second lieu l'objet comparé.

Et doit unir des constructions de même nature, substantifs à substantifs, participes à participes, etc. — *Et* utile dans une énumération pour appuyer sur les détails et leur donner plus d'énergie, devient incorrect si ces détails sont gradués, successifs et analogues entre eux.

Ni exprimé une seule fois admet *pas* ou *point* après lui. — Exprimé dans un nombre de phrase subordonné, il suppose *ne*, ou *ne pas* dans celui qui précède. — N'admet point après lui *de*, *du*, *de la*, *des*, partitifs devant des noms. Dans ce cas on les supprime.

Ou la grammaire rejette *de* dans cette phrase : lequel fut le plus intrépide d'Alexandre ou de César ? et ne l'admet que dans celle-ci : duquel des deux attendez-vous le plus, de l'oncle ou de l'aïeul ?

Parce que conjonction s'écrit en deux mots. *Par ce que* seroit un pronom avec une préposition.

Quoique s'écrit en un seul mot. — Veut après lui le subjonctif. — Ne se construit point avec le participe présent. — Vaugelas conteste le droit de se construire avec le participe passé. — *Quoi que* en deux mots signifie quelque chose que.

LXVII. *De l'Interjection.*

Définition : *Mot qui ne représente point une idée, mais une affection de l'âme, comme l'étonnement, la joie, la crainte, etc., ou un mouvement de la volonté.*

Celles qui marquent la douleur ou l'affliction, sont : ah ! aie ! ouf ! ahi ! hé ! hélas !

Celles qui marquent la joie et le désir, sont : ah ! bon !

Celles qui marquent la crainte, sont : ah ! hé !

Celles qui marquent l'aversion, le mépris, le dégoût, sont : fi ! fi donc !

Celles qui marquent la dérision, sont : oh ! hé ! zest !

Celle qui marque l'admiration est : oh !

Celles qui marquent la surprise sont : oh ! ha !

Celles qui servent à encourager sont : çà ! ho ça !

Celles qui servent à avertir sont : holà ! hem ! oh !

Celles qui servent à appeler sont : holà ! hé !

Celles qui commandent le silence sont : chut ! st !

Plusieurs autres mots ou locutions comme miséricorde ! Dieu ! ciel ! ventrebleu ! ventre saint gris ! morbleu ! parbleu ! corbleu ! par la corbleu ! tête et sang ! etc., sont de véritables interjections.

LXIX. *De l'Orthographe.*

Définition : Manière d'écrire les mots la plus conforme à l'usage des bons écrivains et aux principes adoptés par les meilleurs grammairiens.

Les règles principales sur l'orthographe ont pour objet : les terminaisons des mots, l'analogie des dérivés avec leurs primitifs, le redoublement de certaines consonnes, l'orthographe des verbes, l'emploi des majuscules, l'accentuation et la ponctuation. Nous n'avons recueilli de règles que sur les trois derniers objets, les autres nous ayant paru souvent bien insuffisantes et avantageusement remplacées par l'usage.

LVII. *Des majuscules ou grandes lettres.*

Commencez par une majuscule : 1° tout écrit, quel qu'il soit. 2° ce qu'on appelle discours direct ou indirect dans le corps d'un écrit. 3° les noms propres d'individus quels qu'ils soient. 4° les deux parties d'un nom propre composé, à moins qu'ils ne soient unis par un tiret. 5° Dieu personnifié, les personnages mythologiques. 6° les noms d'art, de sciences, de métiers pris dans un sens individuel et non indéterminé. 7° les noms d'abstractions personnifiées. 8° les noms des compagnies et des corps considérés comme individus auxquels on attribue l'état ou l'action dans la phrase. 9° les êtres qu'on apostrophe par le nom qui les désigne. 10° les noms de dignités, le titre d'un ouvrage ; chaque vers dans la poësie. 11° enfin les initiales par lesquelles on représente certains noms de dignité.

LXX. *Des accents.*

Définition : Signes dont on marque certaines syllabes pour en modifier la prononciation.
On distingue l'accent aigu ('), l'accent grave (`), l'accent circonflexe (^).
E devant x ne prend jamais d'accent grave.
Distinguez : *là, où, dès, à,* de *la, ou, des, a.*
Ecrivez avec un accent circonflexe : 1° *a* long suivi de *ch* ou de *t* ayant le son qui lui est propre ; 2° *e* des mots en *éme,* excepté dans les adjectifs numéraux , comme *deuxième, troisième,* etc. ; 3° *i* des verbes en *oître,* toutes les fois qu'il est suivi d'un *t,* alors l'*i* ne prend pas de point ; 4° *o* devant les finales *le, me, ne;* 5° le *nôtre,* le *vôtre :* 6° les terminaisons de la conjugaison indiquées au tableau ; 7° *mûr, sûr,* adjectifs , *crû* et *dû* participes.

LXXI. De *l'apostrophe* (').

Définition : Signes par lequel on remplace *a, e, i, o,* supprimés dans certains mots devant une voyelle ou une *h* muette.
Remplacez par une apostrophe devant une voyelle ou une *h* muette : *a* dans *la; i* de *si* conjonction conditionnelle; seulement devant *il* ou *ils; e* dans *je, me, te, se, te, que, ne, ce;* dans *entre* composant un verbe réciproque comme *s'entr'accorder,* dans *jusque* devant *à, au, aux, ici,* dans *puisque, quoique* suivis de *il, ils. elle, elles, on, un, une;* dans *quelque* suivi de *un, une ;* dans *presque* de *presqu'île.* — *Oi* dans *moi, toi* suivis de *en* après un impératif.
N'élidez point *e* de *le,* a de *la* tous deux pronoms relatifs après un impératif ; *a* de *là* adverbe ; *e* de *contre* dans aucun cas ; *e, a,* dans *de le, la, que, ce* devant *oui, un ; huit, onze* et leurs dérivés.

LXXII. *Du tiret* (—).

Se met entre les mots formant des noms composés.—Entre plusieurs mots formant une seule expression. — Entre le pronom personnel et le mot *même.* — Entre le verbe et le pronom - sujet placé après lui par inversion. — Avant et après le *t* euphonique placé entre un verbe terminé par une voyelle , et *il, elle, on* placé après ce verbe par inversion. — Entre un impératif de première ou de seconde personne , et *moi, toi, nous, vous, le, la, lui, les, leur, en, y* compléments de ce verbe. — Entre *ci, là, ce* et les mots auxquels ils sont joints d'une liaison intime. —Entre *contre* et le mot avec lequel il forme un mot composé. — Dans un nom de nombre composé de plusieurs, entre la dernière s'il ne passe pas dix , et celui qui le précède. —Dans *quatre-vingts* et *quinze-vingts.*

LXXIII. *Du tréma ou de la dierèse* (¨) d.

Définition : *Signe que l'on place sur une voyelle pour indiquer qu'elle se prononce séparément d'une autre voyelle qui la précède immédiatement.*
L'usage le place sur *païen, aïeul, aïe, haïr, héroïde, héroïque, Esaü, Antinoüs, faïence, faïencier, laïque, naïf.* — Sur *üe* final après *g* dans les mots qui se prononcent comme *ciguë* ou non comme *figue.*

LXXIV. *De la cédille* (ç).

On la place sous le *c* devant *o, o, u,* pour lui conserver la prononciation douce.

LXXV. *De la parenthèse* ( ).

On l'emploie pour renfermer une espèce de note qu'on interpose dans le corps d'une phrase.

LXXVI. *De la ponctuation.*

La virgule (,) indique le moindre de tous les repos. — Elle sépare les parties semblables d'une proposition comme plusieurs sujets, plusieurs verbes, plusieurs régimes, plusieurs adjectifs, etc. — *Et, ni, ou* ne l'admettent point devant eux si les parties qu'ils séparent sont simples et sans beaucoup d'étendue. — Elle sépare les membres d'une période. — Elle sépare dans le style coupé, plusieurs propositions ayant chacune un sens complet, mais concourant toutes à former un sens total qui les réunit. — Elle sert à couper une proposition, ayant trop d'étendue pour la portée ordinaire de la respiration. — Si l'ordre direct de la phrase est troublé par une inversion, elle enferme la partie transposée, à moins que ce ne soit le déterminatif d'un nom. — Elle enferme les propositions incidentes à moins qu'elles ne soient étroitement liées de sens à la proposition principale. — Elle se place devant les appositions de quelque étendue, devant les mots employés en apostrophe.

Le point virgule (;) ou repos plus marqué que la virgule, termine une partie de la phrase subdivisée par la virgule; il indique en général un repos partiel plus sensible qu'un autre repos partiel — Il se place entre deux membres de phrase que l'on veut opposer entre eux.

Les deux points (:) ou repos plus marqué que le point-virgule, terminent une phrase complète liée de sens à une phrase qui la suit. — Ils précèdent une énumération annoncée, un discours direct annoncé.

Le point (.) termine une phrase complète indépendant de ce qui suit.

Le point exclamatif (!) se place après l'exclamation. — Termine une phrase qui exprime la surprise, le désir, la tendresse, la pitié, la terreur. — Si la phrase de surprise, etc., est combinée avec un nombre de phrase qui la suive, le *point exclamatif* ne se place qu'après la phrase complette.

Le point interrogatif (?) se place après le mot exprimant interrogation. — Termine les phrases qui interrogent. — Si la phrase qui interroge se combine avec un nombre de phrase qui la suive, le point interrogatif ne se place qu'après la phrase complette.

Les points suspensifs (......) ont pour objet de livrer l'âme quelques instants à l'émotion de terreur, de pitié, d'amour qu'on a produite, ou de suspendre un moment le sens, pour amener d'une manière plus piquante un trait inattendu.

Le trait de séparation (—) remplace *dit-il, répond-il*, et annonce dans le dialogue, le changement d'interlocuteur.

L'alinéa forme dans le corps d'un écrit, des divisions utiles qui reposent l'esprit, qui groupent ensemble les idées qui s'appartiennent, et annoncent que d'un point on va passer à un autre point, d'une proposition traitée à une suivante, etc.

LXXVII. *De la construction grammaticale et de quelques autres définitions.*

La construction directe ou propre est ainsi réglée : le sujet et ses développements, le verbe et ses développemens. — Si la phrase est liée à une autre phrase par une conjonction, celle-ci se met en tête de la phrase. — Toute construction inversive se ramène à une construction directe.

(Nota.) Nous n'avons pu espérer de rendre intelligible dans ce cadre les détails intéressants de notre auteur sur les cas où la construction devient inversive et sur les mots pour lesquels elle doit l'être.

La construction est figurée par ellipse, par pléonasme, par syllepse ou synthèse. Voyez ces définitions au tableau.

L'ellipse, si elle retranche un mot déjà exprimé, doit le sous-entendre tel qu'il était sans aucune altération de nombre, de genre, d'espèce de mot, de sens, de temps, de mode, de voix, etc. — Elle doit être si claire que l'esprit rétablisse à l'instant le mot sous-entendu.

Le pléonasme qui n'est point utile ou agréable dans la phrase, ou qui blesse l'usage, ne sauroit être admis.

La synthèse ne sauroit être ni bien fréquente, ni applicable à toutes sortes de phrases. Elle s'applique à quelques locutions propres à la langue, et à quelques phrases de nos écrivains où elle soit toujours si naturelle, qu'elle soit inaperçue.

L'inversion doit apporter à la phrase de l'élégance, de la force ou de la clarté ; dès qu'elle est pénible, on doit la rejeter.

Le gallicisme ou locution propre à la langue française, peut se trouver dans le sens d'un mot, dans l'association de plusieurs mots, dans l'emploi d'une figure, dans la construction de la phrase, et n'existe que par la comparaison de ce mot, de cette figure, etc., avec leurs équivalents dans les autres langues.

Le barbarisme dénature les mots dans leur forme.

Le solécisme dénature les rapports des mots entre eux.

L'amphibologie est un sens équivoque dans la phrase.

FIN.

SUITE DE DÉFINITIONS DE PROSODIE FRANÇAISE.

Vers.	Langage modifié par le rythme, la cadence et la rime (du moins chez la plupart des peuples modernes de l'Europe.)
Poésie.	L'idéal de la pensée ou du sentiment exprimé en vers.
Mètre.	Système de syllabes en nombre déterminé, entrecoupées de repos, les unes fixes, les autres mobiles.
Cadence.	Combinaison de repos, de demi-repos et d'enjambements de pieds, bien différents de l'enjambement d'un vers sur un autre vers.
Rime.	Ressemblance de terminaisons à la fin des vers.
Rime riche.	Celle qui rime de la terminaison complète (son et articulation).
Rime suffisante.	Celle qui rime seulement du son (l'articulation n'étant qu'analogue).
Rime pauvre	Celle qui rime d'un homonyme ou à peu près.
Rime féminine.	Celle qui rime, ou de deux syllabes (l'une sonnante, l'autre muette) sur deux syllabes pareilles, ou d'une syllabe sonnante terminée en muette sur une syllabe semblable. Cette partie muette, que ce soit une syllabe pleine ou une fin de syllabe, ne compte point à la fin des vers.
Rime masculine.	Celle où la terminaison pleine n'a rien de muet (excepté *oient* dans les temps des verbes).
Rimes plates	Alternativement deux rimes masculines, deux rimes féminines, et constamment le même ordre.
Rimes croisées.	Rimes entremêlées (féminine, masculine, féminine, masculine (féminine, 2 masculines, féminine) (ou ces deux manières alternativement) ne rimant jamais de la même rime sur plus de deux vers de suite.
Élision.	E muet à la fin d'un mot dans le corps du vers ne compte plus quand il est devant un mot qui commence par une voyelle ou une h muette.
Hiatus.	Vice de versification qui consiste à mettre après un mot terminé par une voyelle sonnante un autre mot commençant par une voyelle, sans qu'aucune articulation les sépare.
Hémistiche.	Portion de vers formée par un mot déterminé.
Césure.	Repos fixe par opposition aux repos libres.

Diff. sort. de vers avec leur rythme.

	la césure	et quelques combinaisons de pieds.
12 syllabes.	après 6 syll.	(3,3,3,3) (2,4,3,3) (3,3,4,2) (4,2,3,3)
10 syllabes.	après 4 syll.	(1,3,3,3) (2,2,2,4) (1,3,3,3) (4,3,3) (4,2,4) (2,2,3,3) (4,4,2)
8 syllabes.	....	(2,4,2) (3,5) (4,4) (3,2,3) (2,3,3) (5,3) (2,2,4) (2,6) (3,3,2)
7 syllabes.	....	(1,2,2,2) (2,3,2) (3,4) (1,3,3) (2,2,3)
6 syllabes.	après 3 syll.	(1,2,3) (2,4) (1,3,2) (2,4) (3,3) (1,4,1)
5 syllabes.	ici la césure	
4 syllabes.	devient nulle	les autres vers plus rares n'ont pas besoin de cette étude.
3 syllabes.	ou insensible	
2 syllabes.		

Pour comprendre ce tableau, lisez les vers suivants :

C'est en vain—qu'au Parnas—se un témérai—re auteur—Ce vers seroit marqué (3,3,4,2)
    3   3   4   2

Pense—de l'art des vers—attein—dre la hauteur,—Ce vers seroit marqué (2,4,2,4)
    2   4   2   4

S'il ne sent pas—du ciel—l'influen—ce secrète—Ce vers seroit marqué (4,2,3,3)
    4   2   3   3

Rondeau.	13 vers en deux strophes | une de 8 | une de 5 | les 13 vers sur deux mêmes rimes, une masc., une fém. | Au bout de chaque strophe un refrain d'un ou de plusieurs mots empruntés aux premiers vers.
Sonnet.	3 strophes | deux de 4 vers | et roulant sur deux rimes seulement | une de 6 en 2 tercets, également sur 2 rimes.

QUELQUES GENRES DE POÈMES.

Poëme épique.	Action héroïque où interviennent comme acteurs ou comme moyens les puissances et les êtres adoptés par une croyance ou une superstition.
Poëme héroïque.	Action héroïque purement humaine.
Poëme dithyrambique.	Action racontée avec le désordre apparent et l'enthousiasme de l'ode.
Poëme descriptif.	Sujet décrit poétiquement et ordinairement mêlé d'action.
Poëme didactique.	Préceptes sous la forme poétique.
Ode.	Composition où l'enthousiasme domine et se soutient d'un bout à l'autre.
Dithyrambe.	Plus animé encore que l'ode, il renonce à toutes les règles pour produire tout son délire.
Épître.	Développement simple et familier d'une pensée.
Satyre.	Blâme, loue dans l'intérêt des mœurs ou d'un art
Cantate.	Action dithyrambique moins développée.
Drame.	Récit d'une action ou dialogue.
Tragédie.	Action dramatique, dont les élémens, c'est-à-dire, le fait, les personnages et les passions sont pris dans un ordre supérieur, de manière à intéresser les plus nobles affections de l'homme, selon qu'elle développe plus spécialement un fait, des mœurs ou un caractère, on l'appelle tragédie d'action, tragédie de mœurs, tragédie de caractère.
Comédie.	Action dramatique dont les éléments sont plus près de nous et ont pour objet de nous instruire par une peinture attachante de nos défauts, de nos travaux, quelquefois de nos vices; elle prend aussi les noms de comédie de mœurs, comédie d'action, comédie de caractère, selon qu'elle développe plus spécialement un fait, des mœurs ou un caractère comique.
Fable ou apologue.	Vérité morale présentée sous l'allégorie d'une action dont les personnages sont ou des hommes, ou des bêtes, ou des êtres inanimés. A la fable nous rapportons le conte en vers ou récit dont le but doit aussi être d'intéresser.
Élégie.	Épanchement de l'âme, elle exprime la joie, la tristesse, le bonheur, le plus souvent les regrets et les souvenirs. Nous rapportons à l'élégie les *Méditations*, les *Messéniennes*, etc.
Épigramme.	N'est souvent qu'un bon mot amené par quelques vers; elle sert quelquefois à la louange, plus souvent à la critique.

Nous omettons ici le *sonnet*, le *madrigal*, le *rondeau*, la *ballade*, l'*acrostiche*, les *bouts rimés*, comme genre abandonnés, et le *burlesque* comme genre honteux; la *Boucle de cheveux enlevée*, etc., sont du genre comique.

DÉFINITIONS RELATIVES A L'ÉLOQUENCE

Genres

Genre délibératif.	Conseille ou dissuade. — Rapports administratifs, discours de tribune, factums et écrits politiques des citoyens ou du gouvernement.
Genre démonstratif.	Loue ou blâme. — Eloges, oraisons funèbres, sermons consacrés à l'éloge d'un saint, d'une vertu chrétienne, à la censure d'une secte, d'une erreur, etc.
Genre judiciaire	Accuse ou défend. — Plaidoyers, mémoires, réquisitoires, etc.

3 objets

Invention.	Trouve les moyens aux sources que l'art et la raison ont indiquées, ces moyens ont trois objets, savoir : d'instruire (preuve), de plaire (mœurs), de toucher (passions).
Disposition	Arrange les moyens dans l'ordre le plus favorable à l'effet de tous.
Elocution.	Revêt de mots, de tours et d'images, ces produits de l'invention comme il convient le mieux au sujet.

5 parties

Exorde.	Début du discours. | *Ex abrupto* brusque et véhément. | *Par insinuation* adroit et persuasif. | Quelquefois *pompeux* et imposant. | Ou *grave* ou sans apprêt.
Proposition.	Enoncé de l'objet du discours, avec ou sans DIVISION, selon qu'il est simple ou composé.
Preuve.	Corps de moyens de conviction dans lequel je comprends la NARRATION qui expose les faits de manière à ce qu'ils soient des preuves.
Réfutation.	Parties du discours où l'on attaque les moyens de l'adversaire.
Péroraison.	Quelquefois une simple récapitulation. | Plus souvent un dernier effort qui intéresse le cœur après qu'on a éclairé l'esprit. | C'est toujours la conclusion du discours.

Preuves

Définition.	Présente une qualité, une vie, une situation, un portrait des hommes ou des choses tels qu'il importe au sujet que l'auditeur les envisage, en sorte que ce soit une espèce de démonstration.
Enumération.	Genre de démonstration par l'exposé des propriétés d'une chose, des circonstances d'un fait, qui recommande ou discrédite ce fait ou cette chose.
Circonstances.	*Quis, quid, ubi, quibus auxiliis, cur, quomodo, quandò ?* La qualité des personnes, la nature des choses, le lieu, les moyens, les motifs, la manière et les circonstances.
Induction.	Présente des autorités, allègue des témoignages, des exemples, et en déduit la vérité de la proposition avancée.
Mœurs ou convenances.	Certaines formes personnelles ou égards de l'orateur au caractère de l'auditeur, du client, de l'adversaire, de la cause, du temps, du lieu, enfin au sien propre.
Passions.	Affections que l'orateur éveille dans l'auditeur pour aider à l'effet des moyens qu'il emploie.

Éléments de style

PHRASE.	Proposition ou simple ou composée dont les éléments sont les mots, les tours, les cadences, l'harmonie.
PÉRIODE.	Proposition plus ou moins compliquée dont les éléments incomplets par eux-mêmes trouvent leur complément dans un membre unique auquel ils se rapportent tous.
MEMBRE DE PHRASE.	Proposition particulière qui entre dans la totalité d'une proposition complexe.
REPOS.	Suspension ou demi-suspension qu'on ménage à la voix et à l'esprit dans la manière de couper une phrase, ce sont eux qui marquent la cadence.
CADENCE OU NOMBRE.	Sorte de mesure moins rigoureuse que le rythme du vers qu'on observe dans la prose et qui consiste dans l'intervalle, plus ou moins grand des repos, dans l'arrangement des longues et des brèves.
CONSONNANCE OU HARMONIE.	Sensation produite dans la proposition par la convenance et la disposition des sons.
TRANSITION.	Sorte de pensée intermédiaire qui lie la proposition qui précède à celle qui suit et prévient la dureté dans le passage de l'une à l'autre.

Qualités du style

CLARTÉ.	Se fait saisir, comprendre et sentir sans aucun effort. Elle résulte de l'ordre dans les idées. —	OBSCURITÉ, EMBARRAS.
PRÉCISION.	Ne dit que ce qu'il faut. C'est l'absence des longueurs	PROLIXITÉ, DIFFUSION, STYLE-LACHE.
CONCISION.	Dit en quelque sorte moins que le nécessaire. Elle intéresse l'esprit en lui laissant une partie du travail.	
ABONDANCE.	Style large, riche dans les idées et dans les mots. Mêmes vices opposés qu'à la précision	MAIGREUR, ARIDITÉ, STÉRILITÉ.
CHALEUR.	Vie, coloris, prestige, magie, entraînement, mouvement, vivacité, rapidité. Elle résulte de l'intérêt dans les idées soutenu par la richesse d'une imagination pittoresque.	FROIDEUR.
SIMPLICITÉ.	Absence de recherche et emploi modéré d'ornements.	RECHERCHE.
FINESSE.	Style ingénieux, piquant. Emploi de pensées et d'expressions qu'une observation attentive, une analyse délicate a pu seule fournir	STYLE INSIGNIFIANT.
GRACE.	Elle est dans le style comme dans la nature, simple et aimable, sans y prétendre.	PESANTEUR, STYLE LOURD.
NOBLESSE.	Grandeur, sublimité, style élevé, emploi d'idées, de sentiments et d'expressions d'un ordre élevé. Elle impose, elle étonne, elle terrasse	COMMUN, BAS, TRIVIAL.
ENERGIE.	Force. Elle entraîne l'esprit avec elle.	MOLLESSE, LANGUEUR.
VÉRITÉ, NATUREL.	Reproduit fidèlement la physionomie des évènements, l'esprit des temps et des personnes.	APPRÊT, AFFECTATION, PRÉTENTION, MANIÈRE, PAPILLOTAGE.
PATHÉTIQUE.	Emploi heureux des passions.	FROIDEUR.
PURETÉ.	Netteté, style pur, châtié, correct, respect aux règles de la langue et de la poésie	RUDESSE, INCORRECTION.
FACILITÉ.	Abandon, marche aisée et naturelle, développement sans travail des idées et de l'expression.	TRAVAIL, TENSION, STYLE PÉNIBLE.